《民国日报》中的
上海大學（1922—1927）

洪佳惠 编

上海大学出版社
·上海·

图书在版编目（CIP）数据

《民国日报》中的上海大学（1922—1927）/ 洪佳惠编. -- 上海：上海大学出版社，2021.3
（"红色学府　百年传承"丛书）
ISBN 978-7-5671-4170-4

Ⅰ.①民… Ⅱ.①洪… Ⅲ.①上海大学—校史—史料—1922-1927　Ⅳ.①G649.285.1

中国版本图书馆CIP数据核字(2021)第042004号

责任编辑　傅玉芳　刘　强
装帧设计　柯国富
技术编辑　金　鑫　钱宇坤

《民国日报》中的上海大学（1922—1927）
洪佳惠　编
上海大学出版社出版发行
（上海市上大路99号　邮政编码　200444）
（http://www.shupress.cn　发行热线　021-66135112）
出版人　戴骏豪

*

上海颛辉印刷厂有限公司印刷　各地新华书店经销
开本　710mm×1000mm 1/16　印张 24.75　字数 368千
2021年3月第1版　2021年3月第1次印刷
ISBN 978-7-5671-4170-4/G·3276　　定价：78.00元

版权所有　　侵权必究
如发现本书有印装质量问题请与印刷厂质量科联系
联系电话：021-57602918

"红色学府　百年传承"丛书编委会

主　　　任	成旦红　刘昌胜
常务副主任	段　勇
副　主　任	龚思怡　欧阳华　吴明红　聂　清
	汪小帆　苟燕楠　罗宏杰　忻　平
委　　　员	（按姓氏笔画为序）
	王远弟　刘长林　刘绍学　许华虎
	孙伟平　李　坚　李明斌　吴仲钢
	何小青　沈　艺　张元隆　张文宏
	张　洁　张勇安　陈志宏　竺　剑
	金　波　胡大伟　胡申生　秦凯丰
	徐有威　徐国明　陶飞亚　曹为民
	曾文彪　褚贵忠　潘守永　戴骏豪

总序：传承红色基因，办好一流大学

成旦红　刘昌胜

1922年10月23日，在风雨如晦的年代，一所由中国共产党与国民党合作创办的高等学府"上海大学"横空出世。而就在前一年，中国共产党宣告成立，揭开了中国历史的新篇章。如今我们回顾历史，上海大学留下的史迹与中国共产党的发展紧密相连。

《诗经·小雅》有诗云："鹤鸣于九皋，声闻于野。"20世纪20年代的上海大学，发轫于闸北弄堂，迁播于租界僻巷，校舍简陋湫隘，办学经费拮据，又屡遭反动势力迫害，但在中国共产党和国民党左派以及进步人士的共同努力下，屡仆屡起，不屈不挠，使上海大学声誉日隆，红色学府名声不胫而走，吸引四方热血青年奔赴求学。在艰难办学的五年时间里，为中国革命和建设培养出一大批杰出人才，在当时就赢得"文有上大、武有黄埔"之美誉。在波澜壮阔的五年时间里，老上海大学取得的成就值得我们永远记取，老上海大学的办学传统和办学精神值得我们永远继承和发扬光大。

1994年11月，学校党委常委会决定"上海大学成立日期确定为1922年5月27日"。1997年5月，钱伟长老校长在为上大学生作关于"自强不息"校训的报告时指出，"我们学校的历史上，1922年到1927年期间里有过一个上海大学，这是我们党最早建立的一个大学。"他又以李硕勋、何挺颖两位烈士为例讲道："没有他们的牺牲，没有那么多革命志士的奉献，我们上海大学提不出那么响亮的名字，这是我们上海大学的光荣。"

1983年合并组建原上海大学和1994年合并组建新上海大学之时，得到了老上海大学校友及其后代的热烈支持和响应，他们纷纷题词、致信，祝贺母校"复建""重光";党中央、国务院及上海市委、市政府也殷切希望新上海大学继承和发扬老上海大学的光荣革命传统,时任中共中央总书记的江泽民同志为新上海大学题写了校名,老上海大学校友、后任国家主席的杨尚昆同志题词"继承和发扬上海大学的光荣传统,为祖国的建设培养人才"。

新上海大学自合并组建以来,一直将这所红色学府的"红色基因"视作我们的办学优势之一,将收集、研究老上海大学的历史资料,学习、传承老上海大学的光荣传统作为自己的使命和责任。2014年,学校组织专家编撰出版了《20世纪20年代的上海大学》,这是迄今为止搜集老上海大学资料最为丰富、翔实的一部文献;同年在校园里建立的纪念老上海大学历史的"溯园",如今已成为上海市爱国主义教育基地。

为了更全面地收集老上海大学的档案资料,更深入地研究老上海大学的历史,更有效地继承和发扬老上海大学的光荣传统,我们推出了这套"红色学府 百年传承"丛书,既是为2021年中国共产党100周年光辉诞辰献上一份贺礼,也是对2022年老上海大学诞生100周年的最好纪念,并希望以此揭开新上海大学"双一流"建设的新篇章。

是为简序。

前 言

1916年1月22日,《民国日报》在上海创刊,它是中华革命党(中国国民党的前身)在国内的主要言论阵地,邵力子担任《民国日报》主编。《民国日报》诞生于"二次革命"后,孙中山改组中华革命党之际。创刊之初,其办报目的就是高举反袁护法的大旗,坚决反对北洋军阀的封建统治。1924年2月中国国民党第一次全国代表大会后,该报成为国民党中央机关报,进行反帝反封建宣传。1925年末,被西山会议派所把持,转为国民党右派的报纸。1932年停刊。不久改为《民报》重新出版,1938年因上海沦陷自动停刊。1945年抗日战争胜利后,以原名复刊。1949年停刊。

《民国日报》发刊词中写道:"发扬民国之精神,延长民国之寿算,除民国之恶魔,此民国日报之所由作也。"在办刊的这几十年时间里,《民国日报》始终秉持这种与时代同步的创刊精神,所刊登的消息与国内革命的趋势紧密贴合,《民国日报》见证了上海在那个革命年代的风起云涌,同样也见证了诞生于那个年代的上海大学的起落。1922年10月20日,报纸第三张第十一版刊登《东南高等专科师范风潮》消息,这是该报刊登的第一篇与上海大学相关的报道。当月23日,报纸刊登《上海大学启示》,向全社会公布了上海大学成立的消息。在之后沉浮的近五年时间里,上海大学在办学秩序、校园生活、学校命运、社会活动等方面的消息时常见诸《民国日报》。在改为《民报》后,报纸仍旧对学校学生会的组建、复校等情

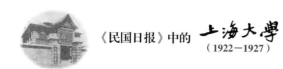

况有着持续的关注。这一篇篇报道对上海大学的描摹是细致入微的,不仅为后人留下了珍贵的史料,还为后人勾勒出鲜活的、有血有肉的上海大学形象——上海大学诞生于时代洪流中,颠沛于时代洪流中,如今又要在时代洪流中崛起!

编　者

2020年12月

编辑说明

一、 本书以上海图书馆馆藏报刊《民国日报》为资料来源，收录了500余条《民国日报》刊登的与上海大学相关的报道。

二、 本书以时间为排序依据，时间跨度为1922—1946年，内容涵盖学校的成立、教学、师资、附中、学生活动、社会活动等各个方面。

三、 本书以所在版面、局部放大图、转录文字为一般体例，务求从档案角度做到最大限度地保留原文的样式和内容。

四、 本书转录文字，一律改用简化字并用现代汉语标点符号；具体内容尊重当时的行文习惯，除明显错别字改在［　］内、漏字增补在〈　〉内、难以辨认的字用□代替以外，其余一仍其旧。

五、 每条史料均标注日期与所在版面。

目 录

1922 年 / 1
 东南高等专科师范风潮 / 2
 东南专师风潮之昨闻 / 3
 上海大学启事 / 4
 上海大学欢迎校长 / 5
 胡寄尘君来函 / 7
 胡寄尘来函 / 8
 上海大学学生来函 / 8
 上海大学之教务会议 / 9

1923 年 / 10
 东南高等专科师范学生启事 / 11
 上海大学学生委员会启事 / 12
 上海大学交涉和平解决 / 13
 上海大学交涉和解续志 / 13
 上海大学学生委员会来函 / 14
 上海大学招生 / 15
 上海大学生严厉对彭 / 16
 上海大学各科每周授课时间表 / 17
 上海大学续招生 / 21
 上海大学积极整顿 / 22
 上海大学今日之演讲·张溥泉先生 / 23

张溥泉讲个人与社会 / 24

三大学近闻汇纪·上海大学学生旅行 / 25

上海大学今日之演讲·李大钊讲"演化与进步" / 25

上海大学昨日之演讲·李大钊讲"演化与进步" / 26

各学校消息汇志·上海大学 / 27

各学校消息汇志·上海大学 / 27

上海大学教职员会议 / 28

汪精卫君讲演记·在上海大学·题为"集权与分治" / 29

上海大学续聘教员 / 30

上海大学创设图书室 / 30

"五九"日国民重大之纪念·学界之开会消息 / 31

"五九"纪念日之上海·上海大学 / 32

上海大学图书馆征求图书 / 33

上海大学新消息 / 33

上海大学之演讲会·马君武博士讲"国民生计政策" / 34

上海大学招生 / 35

两大学近讯并纪·上海大学 / 36

上海大学概况 / 37

上海大学革新之猛进 / 39

上海大学概况（续） / 41

上海大学概况（续） / 44

上海大学之近况 / 47

上海大学建筑新校舍 / 47

行将去国之留学生 / 48

上海大学第一期录取新生案 / 49

上海大学毕业之盛典 / 50

上海大学国乙茶会记 / 52

上海大学学生会闭会 / 53

上海暑期讲习会通告 / 54

上海大学前日之盛会 / 56

上海大学毕业式志盛·美术科毕业三十四人 / 57

上海大学第二次招生 / 59

暑期讲习会今日讲全民政治·何世桢博士主讲 / 60

暑期讲习会讲宪法史 / 61

上海大学录取新生案 / 62

上海大学教职员会 / 63

上海大学之近况 / 64

上海大学续招生 / 65

上海大学添设高中三年级招生 / 66

上海大学概况附录之一（高三概略） / 67

上海大学首次评议会·组校董会，筑新校舍 / 69

上海大学赴杭州招生 / 70

上海暑期讲习会讲程续表 / 71

暑期讲习会昨今讲题 / 72

暑期讲习会文学演讲 / 73

暑期讲习会昨日演讲 / 74

暑期讲习会之昨日 / 75

上海大学中学部近况 / 76

暑期讲习会宣告结束 / 77

暑期讲习会聚餐记 / 78

上海大学录取新生案 / 79

上海大学反对贿选电 / 80

上海大学近事两则 / 82

上海大学特别讲座布告 / 83

上海大学特别讲座广告 / 84

上海大学之近况 / 85

上海大学特别讲座布告 / 86

各学校消息汇志·上海大学 / 87

上海大学特别讲座布告 / 88

上海大学发展之将来 / 89

上海大学之特别讲座·请章太炎演讲 / 91

上海大学昨日之讲演·章太炎讲演"中国语音统系" / 92

湖波文艺会成立大会 / 93

上海大学底两个文艺团体 / 94

上海大学之英语辩论·不分胜负 / 96

上海大学之猛进 / 97

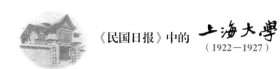

1924年 / 99

上海大学招生 / 100
各学校消息汇志·上海大学 / 101
上大中国文学系近闻 / 102
上海大学中学部消息 / 103
上海大学招生 / 104
上海大学移迁新校舍 / 105
上海大学迁移校舍通告 / 106
上海大学启事 / 107
上海大学布告 / 108
学校消息·上海大学 / 109
学校消息·上海大学 / 109
学校消息·上海大学 / 110
上海大学添招俄文新生广告 / 111
学校消息·上海大学 / 112
学校消息·上海大学 / 113
明日放洋之留法学生 / 114
上海大学女生援助保定女师 / 115
平民教育消息汇志 / 117
学校消息·上海大学 / 118
关于平民教育运动之进行·上大平民学校开学 / 119
学校消息·上海大学 / 120
学校消息·上海大学 / 120
"上大"平民学校消息 / 121
学校消息·上海大学 / 123
学校消息·上海大学 / 124
上海大学书报流通处启事 / 125
上海大学援助宁学生 / 126
学校消息·上海大学 / 127
上海大学新添学系 / 128
上海大学招考男女新生 / 129
上大学生组织艺术会 / 130
上海大学美术科毕业·举行成绩展览两日 / 131
上大浙江同乡会开会 / 132

学校消息·上大平民学校 / 133

上海夏令讲学会简章 / 134

上海夏令讲学会简章 / 136

夏令讲学会近闻·讲员学程已排定 / 138

上海夏令讲学会昨行开讲式·听讲会员一百五十余人·
　戴季陶等三人演说 / 139

上大毕业同学会纪 / 140

上海夏令讲学会紧要启事 / 141

夏令讲学会之第一周 / 142

上海大学第一次录取新生 / 143

上海夏令讲学会消息·社会问题研究会成立·
　第二周讲学会之科目 / 144

夏令讲学会近闻·职员会议之议案·讲学科程之变更 / 145

上海夏令讲学会消息 / 146

暑期讲习会昨日演讲 / 147

上海夏令讲学会消息·下周请专家演讲 / 148

上海大学加考新生广告 / 149

上海大学提前加考 / 149

上海大学新聘教授 / 150

上海大学新聘之教授 / 151

上海大学毕业同学会 / 152

上海大学学务之改进 / 153

夏令讲学会已告结束 / 154

三大学消息并纪·上海大学 / 155

上海大学录取新生 / 156

上海大学准于九月二十日开学 / 158

三大学消息并纪·上大中学部 / 159

上海大学中学部通告 / 160

上海大学西北省区学生李秉乾等来函 / 161

上海大学录取新生 / 162

上海大学开课通告 / 163

上大筹备二周纪念 / 164

双十节天后宫之惨剧·上大黄仁君已因伤毙命 / 165

悼黄仁同志 / 167

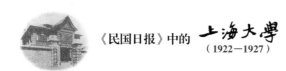

上海大学学生横被帝国主义与军阀走狗的摧残通电 / 168
上海大学学生会之成立 / 172
黄仁惨死之哀声 / 174
黄仁惨死之抗议声 / 176
黄仁追悼会预志 / 178
追悼黄烈士大会通告 / 179
黄仁伤单（德医的报告） / 180
黄仁烈士追悼会纪事 / 182
黄仁烈士传 / 183
上大平校祝十月革命 / 185
学校新闻汇集·上海大学 / 186
中国孤星社常会记事 / 187
上海大学校旗送回 / 188
孤星社对时局之主张 / 188
各公团赞成中山先生之政见 / 189
浙籍学生反对孙传芳 / 191
国民会议专栏·上海大学学生拥护中山先生主张 / 192
上大河南同学会近闻 / 194
上海大学主张国民会议宣言·注重预备会议 / 195
学校消息汇纪·上大川同学开会 / 197
上海大学招考插班生 / 198
上大代理校长被控案开审记·第一节仇洋已注销，
　　余展期三礼拜再讯 / 199
上海大学四川同学会通电 / 201
学务丛报·上海大学之扩充·上海大学学生会 / 202
上海大学山东同乡会宣言 / 203
学务丛报·上海大学英国文学系得人 / 205

1925 年 / 206

上大山东同乡会与山东各团体函 / 207
上大代理校长控案完全注销 / 209
邵力子启事 / 210
上海大学第一届录取新生揭晓 / 211
上海大学之新计划 / 212

上大中学部之革新 / 213
邵力子控案辨论终结 / 214
孙先生病状之昨讯·上海大学全体电京慰问 / 216
上海大学第二次录取新生揭晓 / 217
学务丛报·上海大学特准补考 / 218
学务丛报·上大附中续行补考 / 219
上大改名称之进行 / 220
学务丛报·上大平民夜校继续开办 / 221
学务丛报·上大演说练习会 / 221
学务丛报·上海大学聘定校医 / 222
学务丛报·上大湖北同乡会成立 / 223
学务丛报·上大行政委员会消息 / 224
学务丛报·上大浙江同乡会开会纪 / 225
学务丛报·上大广东同学会成立 / 226
学务丛报·上大皖同学会成立 / 226
学务丛报·上海大学英文研究会大会 / 227
学务丛报·杨杏佛今日演讲 / 228
学务丛报·上大刊行文学周刊 / 228
学务丛报·上大社会科学研究会之演讲 / 229
上海大学改名中山大学　俟有切实改革计划然后实行 / 230
上大平校 / 231
学务丛报·上大女同学会成立纪 / 232
学务丛报·上大川同学开会 / 233
上海大学今日追悼胡笠僧·革命健者　协助良朋 / 234
华德博士在上大演讲·今日起共四天 / 235
上大追悼胡景翼 / 236
学务丛报·华德博士在上大演讲纪 / 238
学务丛报·上大平校成立学生会 / 239
学务丛报·上大女同学委员会 / 240
学生之哀呼·学生之紧急会议 / 241
受伤学生调查 / 242
上海大学通告 / 243
上海大学学生会启事 / 243

上海大学昨日被散解·学生被驱出校，
　　由美水兵驻守 / 244

于右任论"五卅"案 / 246

上海大学集议善后 / 248

上海大学学生会启事 / 249

上海大学通告 / 249

上大已租定临时校舍 / 250

武装解散学校讯·上大全体宣言 / 251

于右任论五卅事件·非空言办法能了 / 253

上大呈交涉使文 / 255

上海大学各系班同学均［钧］鉴 / 257

被封后之上大学生 / 258

上海大学学生会紧要通告 / 259

上海大学学生会开会·筹款建筑新校舍 / 260

各界一致援助汉口惨案·上大学生会唁汉案电 / 261

介绍《上大五卅特刊》（示羊） / 262

上海大学招考男女生 / 263

罢课中之各学校·上海大学 / 264

罢课中之各学校·上海大学 / 265

各界奋起援助沙面惨案·上大学生会电 / 266

上海大学近讯 / 267

学务丛报·上大教职员自动减薪 / 268

学务丛报·上海大学 / 269

上海大学开始募集建筑费 / 270

上海大学通告 / 270

何烈士治丧消息 / 271

上海大学通告 / 272

电贺国民政府·上大学生会电 / 273

各学校消息汇纪·上海大学 / 274

上海大学录取新生布告 / 275

夏令讲演会茶话会·明日开课 / 276

上海大学附属中学紧要通告 / 277

上海大学暨附属中学招生 / 278

上海大学 / 279

上海大学启事 / 280

夏令讲演会消息 / 281

上海大学 / 282

各学校消息汇纪·上大附中 / 283

上大建筑校舍之进行 / 284

各学校消息汇志·上海大学 / 285

上海大学 / 286

上海大学通告 / 286

上海大学暨附属中学招生 / 287

上海大学 / 288

上海大学通告 / 289

上海大学录取新生布告 / 290

各学校消息汇纪·上海大学 / 291

上海大学章程出版 / 292

上海大学录取新生布告 / 293

各学校消息汇纪·上海大学 / 294

上大社会科学研究会 / 295

上海大学举行三周纪念 / 296

上大湖北同乡会开会 / 297

上大附中 / 297

五卅死难烈士之哀音 / 298

上大非基督教同盟会成立 / 299

上大社会科学研究会之进行 / 300

上大湘社援助湘学界 / 301

游艺界 / 302

各学校消息汇纪·上大中山主义研究会成立 / 303

各学校消息汇纪·上大浙江同乡会近闻 / 304

上大女同学会消息 / 305

旅沪山东学生会开会 / 306

刘华生死未明 / 307

何秉彝遗体今日回川 / 308

何秉彝遗体改期运川 / 309

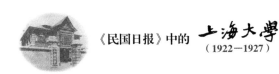

1926年 / 310

　　上海大学暨附属中学招插班生 / 311

　　学生被控案判结 / 313

　　何秉彝遗体运川·今日各团体之追悼 / 314

　　上海大学来函 / 315

　　上大广西同学 / 315

　　上大校舍募捐委员会新讯 / 316

　　上大附中开会 / 317

　　上海大学教职员会议纪 / 318

　　民间之驱段废约声·上海大学 / 319

　　上海大学 / 320

　　上大丙寅级举行聚餐 / 321

　　上大社会学系同学会 / 322

　　上海大学建筑校舍近闻 / 323

　　昨日学界纪念五四·上海大学 / 324

　　上海大学 / 325

　　各学校消息·上海大学 / 326

　　游艺界消息·上大湘社游艺消息 / 327

　　学务丛报·上海大学得粤款补助 / 328

　　黄仁善后问题之会商 / 329

　　上大丙寅级毕业式 / 330

　　上海大学招生 / 332

　　上海大学建筑校舍募捐委员会启事 / 333

　　学务丛报·上大学生会之宣言 / 334

　　学务丛报·上大附中之新计划 / 335

　　上海大学附属中学招生通告 / 336

　　学务丛报·上海大学 / 337

　　黄仁烈士善后会开会 / 338

　　上大浙籍学生赞助三省自治宣言 / 339

　　上大非基同盟之改组 / 340

　　上大非基运动之进行 / 341

　　上大陕同乡会开会 / 342

　　学务消息·上大附中扩大招生 / 343

　　上大浙同乡赞成浙自治 / 344

上海大学校舍落成典礼筹备处启事 / 345
上海大学招生 / 346

1927 年 / 347

上大组织寒假读书会·今日开成立会 / 348
上大寒假读书会成立会 / 349
上大学生之革命运动 / 350
上大附中聘代理主任 / 350
上大反英宣言·并通电援助大夏 / 351
上海大学教职员学生联席会议 / 352
昨日上大之重要会议 / 353
上大丁卯级同学会成立 / 354
上大附中学生会 / 355
上大丁卯级同学大会 / 356
上大学生会昨开六次执委会 / 358

1936 年 / 359

前上海大学生籍与国立大学同等待遇 / 360
前上海大学学生积极筹备组学生会 / 362
上海大学同学会昨成立 / 363
上海大学组同学会 / 364
上海大学同学会决在首都创办中学 / 364

1937 年 / 365

本月卅日于院长六十寿辰·
　上海大学同学会总会集资建立右任图书馆 / 366
上海大学同学会为于院长建图书馆并建文翰别墅 / 367

1946 年 / 368

于右任校长电促上海大学复校 / 369

后　记 / 371

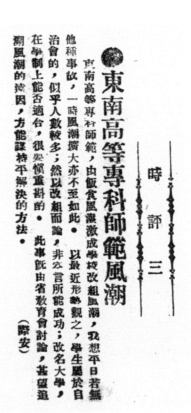

东南高等专科师范风潮

　　东南高等专科师范,由饭食风潮激成学校改组风潮,我想平日若无他种事故,一时风潮扩大亦不至如此。以最近形势观之,学生属于自治会的,似乎人数较多;然以改组而论,非空言所能成功;改名大学,在学制上能否适合,很要慎重斟酌。此事既由省教育会讨论,甚望追溯风潮的远因,方能谋持平解决的方法。(际安)

1922年10月20日第三张第十一版

东南专师风潮之昨闻

自东南专科师范发生风潮后,学生方面,主张根本改造该校,并请于右任君为校长。于君前在陕西孤军奋斗时,犹积极谋教育之扩展与改进,解甲还沪以后,当然益注意于此。惟东南专师之性质,于君尚未明了,即其校址在何处,亦非于君之所知。故对于该校学生之请求,今尚在考虑中。昨有以此事讯于君者,于君即以此意为答。

昨日学生方面依然罢课,自治会与维持会双方对峙,未见发展。自治会方面宣布改造学校后,即派定清帐〔账〕员六人,清算账目,刻已竣事。惟所有经费向存银行,代理校务主任陈勋武及会计汤石庵,坚持渠等均属代理,无权交卸,非俟校长王公燧回国后不能为澈〔彻〕底之解决。维持会方面对之滋为不满,除已请江苏省教育会维持外,再电王校长望其即日回国。

1922 年 10 月 21 日第三张第十一版

《民国日报》中的 上海大学（1922—1927）

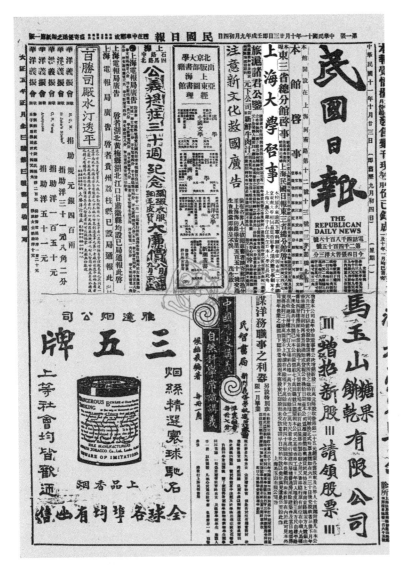

上海大学启事

　　本校原名东南高等专科师范学校，因东南二字与国立东南大学相同，兹从改组会之议决，变更学制，定名上海大学，公举于右任先生为本大学校长。此布。

1922年10月23日第一张第一版

上海大学欢迎校长

闸北西宝兴路东南高等专科师范学校,自发生风潮后,叠[迭]经教职暨全体学生开会讨论,一致议决:变更学制,重新改组,定名上海大学,公举于右任先生为校长。于君初不允担任,昨日上午十时,教职员陈东皋、陈藻青暨学生代表二十人,往于私邸,竭诚欢迎,于君不忍坚却,允往校中一行。遂同乘汽车赴校。路经沪宁车站,全体学生一百五十人并军乐队已先伫候,欢声与乐声齐作。时值大雨,

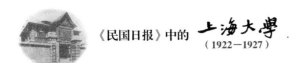

学生鱼贯而行，庄严整肃，于君大为感动。抵校，全体开会欢迎。陈藻青先生致词云：此次改造学校，可谓公理战胜强权，于校长为革命伟人、共和元勋、言论界之前驱、教育界之先进，敬为本校前途表示欢迎。次于君致词，略谓：予自陕西回沪，极欲投身教育界，但予乃愿为小学生以研究教育，非好为人师。因予自审学力不足，诸君改组大学，前途艰巨，尤非予所能任。予二十年奔走，能得人同情者，惟不随风倒浪，但因此便不能不审慎进退，予实不敢担任校长。但诸君如此诚意，念西哲言互助之义，自动植物以至野蛮人类皆能互助，何况吾辈为有文化之人，自当尽力之所能，辅助诸君，力谋学校发展。改日再当提出意见，与诸君商榷，谨以诚意感谢诸君。次教员陈景新君云：改组而后，百端待兴，尤宜研究学问，始终不懈。次来宾邵力子君云：诸君以革命精神，改造学校，实可佩服。上海学校林立，优少劣多。所谓劣者，即营业式之学校。营业学校何自而发达，实由于高级学校之佳者学额有定，考取不易，彼等遂得乘机而起，以供学子之需求。今诸君群众一心，推倒营业式之学校，此类学校，当可逐渐消灭。于先生为余旧友，余不欲作标榜语，但深知其进退不苟，七年护法赴陕，辛苦数载，孑然归来，可谓失败。然其失败乃光荣之失败，余以为于先生之精神实近于易卜生所云非全有则宁无者。现代青年病根在羡慕虚荣，骗钱学校亦即乘此弱点而起，故非称专科，即称高等，或专门，或大学。诸君此次改组大学，只能视为悬一大学之目标以共赴之，万不可遽自命为大学学生。于先生谦言愿为小学生以研究教育，余望诸君亦本此精神，切切实实地多求几年学云问［问云］。次陈藻青君略致数语，遂宣告散会。

1922年10月24日第三张第十版

胡寄尘君来函

启者,东南高专师(现名上海大学),在今春创办时,由创办人约我为国文部主任。我极力辞去,只允担任教员之职,每周三小时。秋季开学,屡辞不获,仍照前每周上三小时之课。此次风潮,在我并未预知。学生代表数人,至我寓所,要我维持。我说力所能办到者,当为尽力。学生会举我为教务主任,亦恐不能胜任。又专科大学,因创办人屡次约我为国文部主任,完全不曾允许,但允担教员每周三小时,所有风潮之内容,也一概不知。前任沪江大学教员,亦已辞去。(原因该校要我寄宿校中,我不允。)神州女学教员,亦辞去。(原因所排钟点太多,且该时沪江尚未脱离,故不能兼。)现因东南高专师及专大发生风潮,友人向我讯问情形者甚众,不能遍答,只得投函贵报,祈为登入来函栏内为盼。

胡寄尘启

十月二十三日

1922年10月24日第三张第十一版

胡寄尘来函

顷悉上海大学已由于右任先生担任校长，南方大学已由江亢虎先生担任校长，深为两校学生庆幸。我于此两校之教员职务，自当量力勉任。因劳知友函询，不及遍复，特此奉答。

胡寄尘启

十月二十四日

1922年10月25日第三张第十一版

上海大学学生来函

顷晤胡寄尘先生，悉所谓学生代表者，系指此次主张改组之全体学生，并非冒称维持会名义之人，教务主任系根据各报之本埠新闻，双方遂至误会。胡先生夙为学生所崇拜钦仰，既经面谈，所有经过情形，涣然冰释。学生为求学起见，仍一致要求胡先生担任教员，已承认可，用特披露。乞贵报登入来函栏为荷。

上海大学全体学生公启

十月二十六日

1922年10月27日第三张第十一版

上海大学之教务会议

　　上海大学由于右任君担任校长后,教职员学生均极欣幸。昨日下午,于君在校召集教务会议,首报告请叶楚伧君为教务主任。叶君谓于校长系助学生而来,余系助于校长而来,只能暂尽义务,不支薪水云云。次议决十月三十(星期一)正式上课。每星期六日,由图音、图工、英文、国文四部轮开教务会议一次,每月开全体教务会议一次。目前暂维现状,其革新计画[划]容再次第公议。

1922年10月27日第三张第十一版

1923年

东南高等专科师范学生启事

敝校前因吃饭问题酿成巨大风潮,学生周学文、程嘉咏、汪越[钺]等被教员陈东阜等所利用,声势汹汹,妄言改组,扰乱数句,犹未平息。近日校中负责无人,已至无形解体,干等□派代表一再向于右任先生请求继续维持,于先生表示绝对不管,干等为求学前途计,迫不得已于昨日(六日)欢迎旧创办人入校,一切均恢复原状。谨此奉闻。

学生王干庭、李忠汉、王尧、李彦章、李含章、张启先等五十二人同启

1923年1月7日第一张第一版

《民国日报》中的 上海大学 (1922—1927)

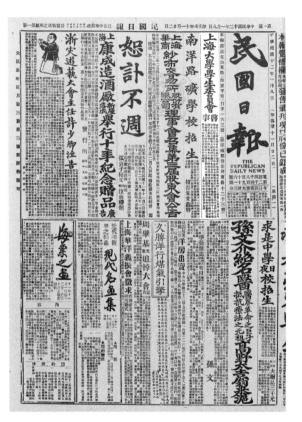

上海大学学生委员会启事

敝校系东南高等专科师范改组,其改组原因则以前创办人王理堂(王公燮)、汤石庵、陈勘武等借学敛财,挟款私逃,曾由全体学生提起诉讼,已奉检厅审讯,尚未终结。王公燮等竟敢藐视学生为学校主体,于诉讼未终决前,乘敝校放寒假之后,突于六日率领流氓及开除学生陈九经等十余人到校滋闹,当由警署派警前来驱逐出校。敝校正拟以无端侵入,告诉官厅。讵王公燮及开除学生等捏造谣言,遍登各报,希图淆乱黑白。恐外界不明真相,发生误会,特此声明。

上海大学学生委员会会员启

1923年1月8日、1月9日、1月10日第一张第一版

上海大学交涉和平解决

闸北青岛路上海大学学生,与前创办人王公燮等交涉事,屡志前报。兹闻王公燮等因近日诉讼,形势不佳,托律师王某一再携函向该校校长及学生委员声明脱离关系,请求和平解决,双方撤销讼案。闻该校长等已允其请,交涉从此可告结束云。

1923年1月21日第三张第十一版

上海大学交涉和解续志

闸北青岛路上海大学学生,与前创办人王公燮、陈勣武、汤石庵等交涉,日前和平解决,已志前报。兹觅得王等致该校学生函云:径启者,同人等创办之东南高等专科师范学校,所有校具及其他各种物件,均应归改组之上海大学所有,同人等从此即脱离该校关系,至双方民、刑诉讼,各自向检、审两厅撤销可也。

1923年1月23日第三张第十一版

上海大学学生委员会来函

主笔先生鉴：径启者，敝校与前东南高等专科师范创办人王公燮、陈勖武、汤石庵等交涉一事，近日已和平解决。惟恐各界未有深知，特请先生将此函登入贵报来函栏内。至纫公谊。

上海大学学生委员会程嘉咏、余益文、周学文、汪越［钺］同启廿四号

1923年1月25日第三张第十一版

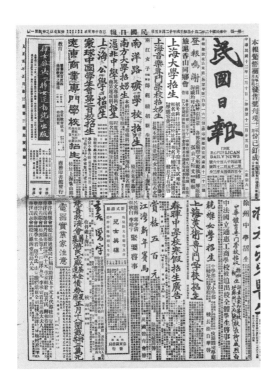

上海大学招生

招考科目:高级中学一年级、师范部、美术系、英文系、国学系各级插班生

考期:阳历三月三日

考试地点:上海卡德路寰球学生会

报名处:上海山东路民国日报馆

校址:闸北青岛路

报名手续:缴纳四寸照片一张、报名费一元、试验费一元

简章:函索即寄

学膳宿费:初级中学六十二元、高级中学六十八元、大学七十四元、师范七十四元

校长于右任启

1923年2月10日至3月3日第一张第一版

上海大学生严厉对彭

上海大学寒假留校学生程嘉咏等昨致北京学生联合会总会函云：（上略）彭允彝乃一无耻政客，逢迎军阀，攫得教长一席，已为全国唾骂，尤复倒行逆施、破坏司法、蹂躏人权、逼走校长、压制学子，置四百兆同胞之人格于不顾，此而可忍，孰不可忍！谨拟对付办法三条：（一）各省学生联合会，应一致表示力请政府罢斥彭允彝；（二）全国各学校暂与北京教育部脱离关系；（三）北京政府执迷不悟，国民当本五四精神，群起自决。凡此实为国民人格所关，我等不敏，愿为诸君后盾云云。

1923年2月27日第三张第十版

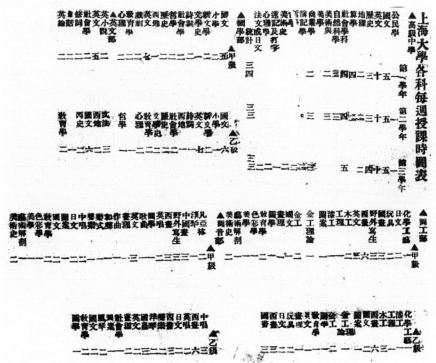

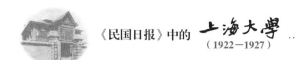

上海大学各科每周授课时间表

高级中学			
	第一学年	第二学年	第三学年
公民学	一	一	一
国文	五	五	五
英文	十	十	十
历史	三	三	四
地理	二	二	二
算学	四	二	
社会学科	四	四	五
自然科学	三	三	
美术与美学	二	三	
商业学	二	三	三
簿记学			二
哲学			二
美术史			二
速记及打字			一
心理学			二
法文或日文			二
统计	三四	三三	三三

国学部			
甲级		乙级	
国文	五	国文	六
小学	二	小学	一
新文学	二	新文学	二
文学史	一	英文	七
诗词	二	诗词	一
社会学	二	西地	一
哲学	二	社会学	二
历史	二	历史	二
西地	一	文学史	二
英文	七	教育学	二
戏剧	二	心理	二
教育学	二	戏剧	一
心理	二	哲学	一

英文部					
英小说	二	会话	二	国文	六
英文	五	英论	二	西史	二
社会学	二	文法	三		一
修词	二	西地	二	教育学	二

图工部			
甲级		乙级	
化学工艺	一	化学工艺	一
日文	二	漆工	一
玩具	二	工理	一
国画	三	木工	三
野外写生	三	西画	六
西画	六	国文	二
英文	三	图案	
木工	二	金工理论	一
工理	一	金工	二
漆工	一	图学	
图案	一	教育学	一
金工理论	一	英文	一
金工	二	画理	
国文	一	玩具	二
画理	一	日文	二
图学	一	西画	三
教育学	二	国画	三
色彩学	一		
美学	一		
艺术解剖	一		
美术史	二		

图音部			
甲级		乙级	
凡亚林	二	中唱	三
洋琴	一	西画	六
中国画	三	英唱	二
野外写生	三	日文	二

续上表

图音部			
西画	三	西画	三
英唱	二	声乐	二
图学	一	洋琴	二
歌曲	一	国画	三
英文	三	英文	二
画理	一	画理	二
作曲	一	社会学	一
和声	一	图案	一
乐式	一	风琴	二
声乐	一	国文	二
中唱	二	教育学	二
日文	二	图学	一
图案	一		
国文	二		
教育学	二		
色彩学	一		
美学	一		
艺术解剖	一		
美术史	二		

《民国日报》1923年3月1日至3日第二张第八版

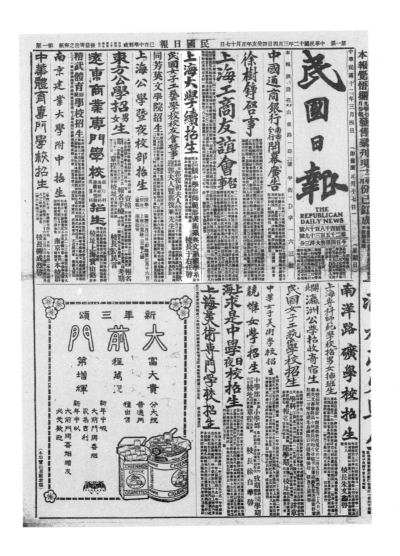

上海大学续招生

　　本校高级中学部、师范部、美术系、英文系、国学系各级尚有余额未满，有志来校肄业者，可至闸北青岛路本校报名。随到随考，简章、课程表函索即寄。

　　　　　　　　　　　　　　　　　　　　校长于右任启

　　　　　　　　　　　　1923年3月4日至30日第一张第一版

上海大学积极整顿

上海大学自去岁风潮平息后，由校长于右任先生积极整顿。今岁添办高级中学，并于原有之师范部各科添设主任、增聘教员。美术科主任为洪禹仇君，文学科主任为张君谋博士，中学科主任为陈德徵君，皆积学热心之士。现已定七日开学，十二日上课。又闻该校以原有校址隘陋，不敷应用。现方在物色新校舍，一经择定，即将迁移，目前则仍在原址上课云。

1923年3月5日第三张第十一版

上海大学今日之演讲·张溥泉先生

闸北青岛路上海大学,自于右任先生接办后,对于教务认真改革,新有教职员皆系名流。开学以来,来学者非常踊跃,现学额已满,新生业于昨日停止录收。兹闻于君今日上午十时请张溥泉先生在校演讲云。

1923年4月1日第三张第十一版

张溥泉讲个人与社会

本埠上海大学，昨由校长于右任先生请张溥泉先生到校演讲，讲题为"个人与社会"。略谓："中国为家族制度所束缚，现在仍未脱离宗法时代，吾于青年时，不知家族之累人，故于改良社会上思想甚为发达，其后日销磨于家庭之担负，前后几判若两人。若略仿欧美家族制度，缩小范围，发展个人伟大之怀抱，再于政治学术上，加以研练，足以左右一世，出而为社会之领袖，如华盛顿、林肯诸人，非青年之责乎？"又云："个人对于社会须重精神，不在形式，以自由活泼其志趣，以纪律范围其个人，折衷于英、美、德、日之民性，以药我散漫推诿之痼疾，始终如一，贯澈［彻］主旨。若不能超过于列强之文明，吾未之信也。"云云。讲毕，听者均为之动容云。

1923年4月2日第三张第十、十一版

三大学近闻汇纪·上海大学学生旅行

闸北青岛路上海大学,昨日(五日)起放春假四天,假期内由该校学生自动组织一旅行写生团,赴杭州西湖实习风景写生云。

1923年4月6日第三张第十一版

上海大学今日之演讲·李大钊讲"演化与进步"

前北京大学教授李大钊先生,今日上午十时,在闸北青岛路上海大学讲演,题为"演化与进步"。

1923年4月15日第三张第十一版

上海大学昨日之演讲·李大钊讲"演化与进步"

　　本埠上海大学,每星期必举行演讲会一次,昨日(十五日)为该校演讲会之第二次,请北京大学教授李守常先生演讲,讲题为"演化与进步"。略谓演化是天然的公例,而进步却靠人去做的。我们立足在演化论和进步论上,我们便会像马克斯一样的创造一种经济的历史观了。我们知道这种经济的历史观系进步的历史观。我们做人当沿着这种进步的历史观,快快乐乐地去创造未来的黄金时代。黄金时代不是在我们背后的,是在前面迎着我们的。人类是有进步的,不是循环而无进步的。即就文艺论,也不是今下于古的。所以无论如何,应当上前进去,用了我们底全力,去创造一种快乐的世界。不要悲观,应当乐观云云。

1923 年 4 月 16 日第三张第十一版

各学校消息汇志·上海大学

闸北青岛路上海大学,现逢星期日请名人讲演一次。近由该校文科主任张博士请俄国美术家卜脱儿四喀氏任该校油画教授,又本星期日请汪精卫博士演讲云。

1923年4月22日第三张第十一版

各学校消息汇志·上海大学

本埠上海大学,自于右任先生接任校长以来,为整顿校务起见,特聘邓安石君为总务长。闻邓君前为北大文科毕业生。

1923年4月23日第三张第十一版

上海大学教职员会议

　　本埠上海大学,昨假四马路同兴楼开教职员会议,由校长于右任先生主席。席间商议该校扩充及进行事宜,议决案甚多,最重要者如下:(一)决由张溥泉、于右任二先生筹办,于宋园建筑新校舍事宜。(二)决由邓安石、陈德徵、洪禹仇三先生,办理扩充后章程事宜。(三)自下学期起,大学部添设俄国文学系、社会科学系、史学系,以便分别造就国家应用人材。

1923 年 4 月 24 日第三张第十一版

汪精卫君讲演记·在上海大学·题为"集权与分治"

本埠上海大学，上月二十九日请汪精卫先生到校演讲，讲题为"集权与分治"。大意谓征诸中外历史，一国革命，为期终不甚长。惟革命后之内乱，倒有延长得很久的。我们考了这一种因果律之后，便觉得民国自辛亥鼎革以后，虽延长了十二年的内乱，依理说也不算长远，不过我们终觉得一任内乱之延长，百姓苦痛莫可底止。所以我们想找一个免除这种苦痛的方法。我们又看到革命后，所以有长时间内乱，原因虽不一，而"民众所目为偶像"的统治者，欲以武力统一全国，确为其主因。我们如欲以武力消除武力，总不免涂炭人民。而其结果，仍系一团糟。所以我们认定做武力统一的迷梦的人，决没有好结果可得。但武力怎样能消除呢？我们觉得当由百姓底权力增大起来，而后才可能。百姓权力之增大，须有一种根据。这种根据，就是在分治之中的。所谓分治，并不是联省自治。因为联省自治，是使中央集权，变做各省省政府集权，结果仍旧是武力专横，人民仍不会有确切的根据的。我所谓分治，就是各县自治。各县自治，百姓之权力才能大，武力才能打消云云。

1923年5月1日第三张第十版

《民国日报》中的 上海大学 (1922—1927)

上海大学续聘教员

本埠上海大学,前聘邓安石为历史学教授、陈德徵为中国文学史教授。昨又聘沈雁冰为西洋文学史教授、何连琴女士为洋琴教师。

1923年5月2日第三张第十一版

上海大学创设图书室

本埠上海大学,为使学生课余自动研究学问起见,拟创办图书馆。惟以经济关系,暂设图书室。请陈德徵为主任,徐竹虚、姚天宇为管理员。闻现已筹办竣事,不日开幕。届时并拟请主任陈德徵君及总务长邓安石君演讲"图书馆与自动教育"云。

1923年5月4日第三张第十一版

"五九"日国民重大之纪念·学界之开会消息

（一）上海大学学生会，昨日下午七时在办事处开全体职〈员〉会议，议决五九纪念日办法三项：（甲）全体游行；（乙）散布传单；（丙）露天演讲。（二）福建路中养正公学，今日上午九时半举行国耻纪念会，下午全体学生加入总商会内各团体国耻纪念大会。（三）福建路义务学校学生，昨日分组给发休业传单及警人之图画，并将切身利害婉劝各商号休息一天，并于今日下午加入总商会内各团体国耻纪念大会。（四）旅沪安徽学生同乡会各学生，今日分赴各团体，共抒对日之表示。

1923年5月9日第三张第十版

《民国日报》中的 上海大学（1922—1927）

"五九"纪念日之上海·上海大学

　　该校学生会五九纪念会大游行，于上午十时出发，由青岛路青阳桥经过东宝山路、北火车站、王家旱桥、天通庵沿途演讲，语极沉痛，听者莫不泪下，至下午三时后始行回校。

1923年5月10日第三张第十版

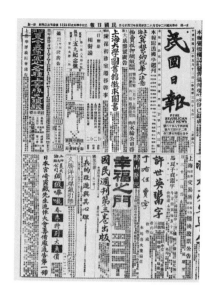

上海大学图书馆征求图书

敝校创设图书馆,原以副莘莘学子自动研究之望。惟开创之初,书籍不多,势不得不向各界恳切征求。务希海内外热心教育诸君,欣然惠赠,不计性质,不计册数(多多益善)。如蒙概[慨]许,乞寄敝校图书馆为幸!

上海大学图书馆敬启

1923年5月12日至6月19日

第一张第一版

上海大学新消息

上海大学请马君武博士,今日上午十时,在该校讲演。又该校对教务向极认真,兹又聘陈望道先生为该校美术科美学教员。

1923年5月13日第三张第十一版

《民国日报》中的 上海大学（1922—1927）

上海大学之演讲会·马君武博士讲"国民生计政策"

本埠上海大学，前日（十三日）上午十时，请马君武博士莅校演讲，讲题为"国民生计政策"。大意谓就欧亚两洲政治历史看来，国民计生的方针，有重农重商之分，而在中国并没有良好政策以实施其重农的方针。亚丹斯密士的原富论，在国家统治之下，主张自由竞争，结果却引起了阶级斗争，于是有社会主义之说兴。俄国现在，便是实行这主义的模范，将来的结果，很有供我们研究的机会。不过欲实行社会主义，先须问根本条件即"政治道德"具备与否。中国政府简直以卖官鬻爵为常事，当然无政治道德之可言。我们知道海部［关］很有关系于一国之生计政策的，而我国海关权操纵于外人掌握中，国际竞争何等吃亏。在降伏制度的海关之下，徒然说抵制外货，终不能持久的，所以我国非赶早收回海关权不可。但以这事望诸现在的北庭，太不成话，所以我国很迫切地需要一有政治道德的政府，这是我国民应有的觉悟云云。

1923年5月15日第三张第十一版

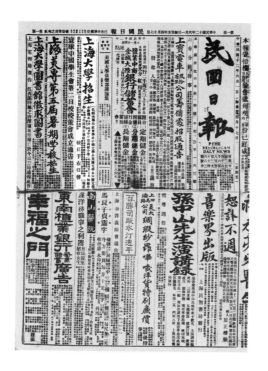

上海大学招生

（一）名额：大学部社会学系、中国文学系、英国文学系、俄国文学系、绘画系各招一年级新生一班。中学部高级中学二年级插班生二十名、一年级新生一班，初级中学一年级新生一班，各班男女兼收。又原有中国文学系、英国文学系各级尚有余额，有相当程度者亦可投考插班。

（二）报名期：七月十五日起，地点上海闸北青岛路本校及山东路民国日报馆。报名时须纳报名费二元、四寸半身照片一张。

（三）考试期：八月十一日，地点本校。

函索章程须附邮票四分。

校长于右任启

1923年6月1日至7月5日的第一张第一版

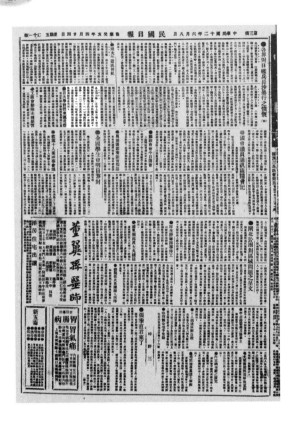

两大学近讯并纪·上海大学

本埠上海大学,前日开教职员会议,各教职员均到席,由教务长叶楚伧先生主席。议决案最重要者如下:(一)美术科毕业事件;(二)各系及高级中学学年试验事件;(三)招考新生事件等。并推定叶楚伧、陈德徵、周颂西等诸先生为招考委员云。

1923年6月8日第三张第十一版

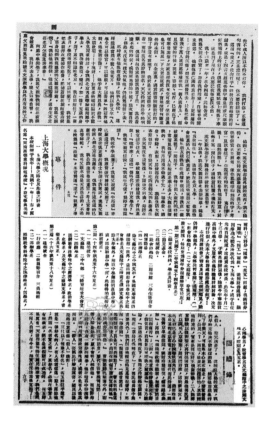
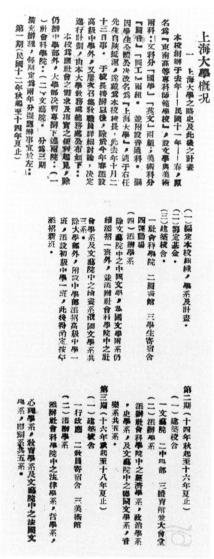

上海大学概况

一、上海大学之略史及此后之计画［划］

本校创办于去年——民国十一年——春，原名为"东南高等专科师范学校"，设文学与美术两科：文科分"国学""英文"两组；美术科分为"图音""图工"两组。并附设普通科。嗣因学生全体公决改名为"上海大学"，适于右任先生自陕抵沪，遂戴为本校校长，此去年十月二十三日事。于校

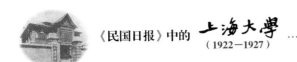

长接办以后,除于今年春添设高级中学外,又屡次召集教职员详细讨论,决定进行计划,由本大学教务处、总务处公布如下:

本校为应社会之需求及事实之便利起见,除仍办中学部外,大学部决暂专办下述两院:(一)社会科学院;(二)文艺院。分为三期扩充办理,每期定为两年,分拟应办事宜于左:

第一期(民国十二年秋起至十四年夏止)

(一)编定本校组织、学系及计画[划]

(二)筹定基金

(三)建筑校舍

一社会科学院、二图书馆、三学生寄宿舍、四运动场。

(四)添办学系

除文艺院中之中国文学、英国文学两系仍续添招一班外,并添办社会科学院中之社会学系及文艺院中之绘画系、俄国文学系共三系。

除大学部外,附设中学部添招高级中学一班,添设初级中学一班,此后得酌定按年添招新班。

第二期(十四年秋起至十六年夏止)

(一)建筑校舍

一文艺院、二中学部、三体育馆兼大会堂。

(二)添办学系

添办社会科学院中之经济学系、政治学系、史学系,及文艺院中之德国文学系、音乐系共五系。

第三期(十六年秋起至十八年夏止)

(一)建筑校舍

一行政厅、二教员寄宿舍、三美术馆。

(二)添办学系

添办社会科学院中之法律学系、哲学系、心理学系、教育学系,及文艺院中之法国文学系、雕刻系共五系。

1923年6月14日

上海大学革新之猛进

上海大学自去冬于右任先生接办后,锐意革新,一面筹募款项,一面罗致人才,于是在上海向不著名之学校,一变面崭露头角矣。顷闻该校屡次召集教职员讨论革新事宜,其大体计画［划］已经决定:计分为三期扩充办理,每期定为两年。第一期(自民国十二年秋起至十四年夏止),(一)

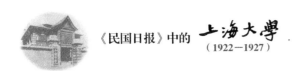

编定本校组织学系及计画［划］，（二）筹定基金，（三）建筑校舍（甲社会科学院，乙图书馆，丙学生寄宿舍，丁运动场），（四）添办学系（除文艺院中之中国文学、英国文学两系仍续招一班外，并添办社会科学院中之社会学系及文艺院中之绘画系、俄国文学系共三系）；第二期（十四年秋起至十六年夏止），（一）建筑校舍（甲文艺院，乙中学部，丙体育馆兼大食堂），（二）添办学系（添办社会科学院中之经济学系、政治学系、史学系及文艺院中之德国文学系、音乐系共五系）；第三期（十六年秋起至十八年夏止），（一）建筑校舍（甲行政厅，乙教员寄宿舍，丙美术馆），（二）添办学系（添办社会科学院中之法律学系、哲学系、理学系、教育学系及文艺院中之法国文学系、雕刻系共五系）。除大学部外，附设中学部亦按年添招高级中学、初级中学各一班。并闻该校前次会议议决由于右任、张溥泉两先生交涉宋园（即宋教仁先生墓地）为建筑新校舍地点，已得各方赞成。宋园地基闻共有一百〇四亩，除宋公墓地占四十亩外，尚余六十余亩，建筑校舍，绰乎有余。宋公为革命先觉，首创民国之一人。该校如与其比邻，学生瞻仰徘徊于其高冢遗像之下，其感发当为不少也。于校长德高望重，社会宗仰，一般名流富商，闻其主办该校，皆表示深厚同情，乐为赞助。前途发展，可以预计。又闻该校下年起已预定之职教员如下：总务长为邓安石、教务长为瞿秋白、社会学系主任为李汉俊、中国文学系主任为陈望道、俄国文学系为瞿秋白兼任、绘画系主任为洪禹仇、附设中学部主任为陈德徵。其所聘新教员如程［章］太炎、李大钊（以上为特别讲座）、俞平伯、田汉、沈仲九、施存统、刘宜之、朱自清等皆属海内知名之士。上海原少提高文化之大学，该校如果从此革新之后，继长增高，当不难为东南文化之总汇也。

1923年6月14日第三张第十一版

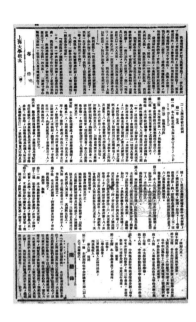
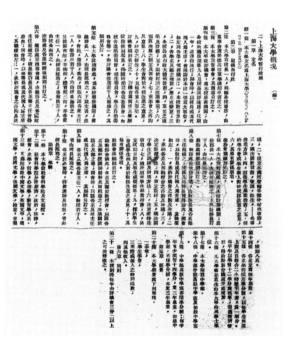

上海大学概况（续）

二、上海大学暂行校则

第一章　定名

第一条　本大学定名为上海大学（People's College of Shanghai）

第二章　组织与行政

第二条　本大学设校长一人，统辖全校事务，由董事会选举德高望重

学识超卓者任之。

第三条　本大学设董事会，其简章另订之。

第四条　本大学设评议会，为本校最高机关；由全校教职员选举九人及校长为评议员，任期一年，连选得连任。开会时，以校长或其代理人为主席，会议关于本校一切重大事项，如左列各事，须经议决：一、本校教育方针；二、各学系及部之增设、废止或变更；三、全校公共行政大体的计划；四、重要之建筑及设备；五、关于经济之建议事项；六、预算、决算之制定及审查；七、董事会之咨询及意见；八、学生会对于本校改进之意见；九、校章之修改；十、其他各重大事项。评议会细则另订之。评议会为商榷及举办校务便利起见，得随时酌设各项委员会（如校舍建筑委员会、招生委员会、学生自治委员会等），由评议会推选若干人组织之，其细则另订。

第五条　本大学设总务处，为本校事务机关；置总务长一人，由校长延聘。下设文书、庶事、会计、斋务、卫生、出版六课各置主任一人，事务员若干人，均由校长函聘之。另设图书馆、美术馆、体育馆三馆，亦各置主任一人，由校长延聘之；事务员若干人，由校长函聘之。总务处及各课馆办事细则另订之。

第六条　总务处设总务会议，由总务长及各课馆主任组织之；校长、教务长及各系部主任皆得参与；开会时，以总务长或其代理人为主席。其职权如左：一、承纳评议会之咨询及决议；二、规定本处所管辖各部分行政事务；三、议决关于设备、管理、卫生……各项改进方法；四、颁发学生毕业证书；五、采纳学生会或学生个人对于校务改进之意见；六、其他有关系事项。总务会议细则另订之。

第七条　本大学设教务处，为本校教务机关；置教务长一人，由校长延聘之；下置教务员若干人，由校长函聘之。教务处办事细则另订之。

第八条　教务处设教务会议，由教务长及各系部主任组织之；校长及总务长皆得参与；开会时，以教务长或其代理人为主席。其职权如左：一、承纳评议会之咨询决议；二、承纳各系部教授会之咨询及决议；三、决定教授方法；四、审定教材；五、议决关于学生之训练及指导方法；六、决定优待生事项；七、议决颁发学生毕业证书；八、定试验日期及学生成绩标准；九、采纳学生会或学生个人对于教务改进之意见；十、其他有关系事项。教务会议细则另订之。除教务会议外，各系部设教授会，以该各系及部教授、讲师、助教共同组织之，决议关于该系及部之事。开会时，以该各系及部主任或其代理人为主席。其细则另订之。

第九条　各系及部各置主任一人，教授若干人，皆由校长延聘之。

第十条　各系于必要时，得置讲师及助教，皆由校长延聘之。

第四章　学制

第十一条　本大学设社会科学院及文艺院。

第十二条　社会科学院分设经济、政治、法律、社会、史学、哲学、心理学、教育学八系。

第十三条　文艺院分设中国文学、英国文学、俄国文学、德国文学、法国文学、绘画、音乐、雕刻八系。

第十四条　各系定为四年毕业。

第十五条　各系学程采用学分制，以每学生每周上课及自修合二小时历半年者，为一学分。每半年以学习十二学分为标准；若遇特别情形，得由教务会议减少或增加。

第十六条　凡大学部毕业生由本大学给予学士学位。

第十七条　本大学附设中学部。

第十八条　中学部分设高级中学班及初级中学班。

第十九条　中学部高级中学班亦采学分制：每半年至少须习十四学分，定三年毕业。初级中学班，不采学分制，亦定三年毕业。

第五章　经费

第二十条　本大学经费为下列数种：

一、基金；

二、学生学费；

三、团体或个人之特别捐款；

四、其他收入。

第六章　附则

第二十一条　本校则得每年由评议会三分之二以上可决修改之。

1923年6月15日

上海大學概況（續）

來件

三、各系課目

茲以第一期所設各系課目錄後

（一）社會學系

社會學原理　社會學通論　社會學史　中國社會變遷史　西洋社會變遷史　東亞各國社會變遷史　社會進化論　現代社會　社會問題　勞工問題　婦女問題　社會主義史　社會心理學　經濟學及經濟史　政治學及政治史　人類學　西洋近百年史　中國近百年史　歷史哲學　生物哲學　法律學及法律學史　統計學　歷史哲學及人種學　羅馬法　中國外國語

以上為必修課目

國際法　憲法　民法通論　刑法通論　各國政府組織大綱　社會黨論　行政法通論　商法通論　佃佳通　論財政學　貨幣論　銀行論　農業政策　商業政策　工業政策及社會政策　世界語　第二種外國語

以上為選修課目

（二）中國文學系

文字學　詩詞　小說　戲曲　修辭學　文學概論　中國文學史　西洋文學史　國學概論　中國哲學史　古籍校讀法　比較世界文學史　美學　諸子通論　詩賦通論　詞曲通論　歷代文學　哲學概論　心理學　社會學　論理學及科學方法　社會進化論　社會心理學　清代學家的科學方法　金石學　世界文化史　新聞學　世界語　第二種外國語

以上為選修課目

（三）英國文學系

散文　詩歌　小說　戲劇　高等文法　修辭學　歐洲近代史　英美文學史　歐洲文學史　心理學　演講學　教育學　社會學　經濟學　歷史哲學　政治學　論理學及科學方法論

以上為第一種必修課目

文學概論　中國文學史　比較世界文學　美學　哲學概論　歐洲文學史　社會進化論　社會經濟史　社會心理學　世界文化史　西洋史

以上為選修課目

（四）俄國文學系

散文　詩歌　小說　戲劇　修辭學　美學　俄國文學史　歐洲文學史　比較世界文學　文學概論　歐洲近代史　社會心理學　心理學　哲學概論　社會學　中國文學史　作文　演講及辯論　社會進化論　西洋史　政治學　經濟學　俄國革命史　俄國東洋政策　論理學及科學方法

以上為必修課目

（五）美術系

美術原論　繪畫　文學概論　中國美術史　西洋美術史　社會學　哲學概論　社會心理學　心理學　應用解剖學　藝術教育論　除晉舊藝術教育學外皆為必修課目

（附白）

一，以上各系課目，學分皆先注出，由各系教授於開學時另訂之。

二，學程之排列與先後，亦由各系教授於開學時另訂之。

三，課程表由教務處酌贈開學時另訂之。

上海大学概况（续）

三、各系课目

兹以第一期所设各系课目录后

（一）社会学系

社会学原理、社会学通论、社会学史、中国社会变迁史、西洋社会变迁史、东亚各国社会变迁史、社会进化论、现代社会、社会问题、劳动问题、妇女问题、社会主义史、社会心理学、经济学及经济史、政治学及政治学史、法律学及法律学史、历史哲学、生海哲学、人类学及人种学、统计学、罗马法、中国近百年史、西洋近百年史、第一种外国语

以上为必修课目

国际法、宪法、民法通论、刑法通论、商法通论、行政法通论、各国政府组织大纲、政党论、财政学、货币论、银行论、农业政策、商业政策、工业政策及社会政策、两性问题、世界语

以上为选修课目

（二）中国文学系

文字学、散文、诗词、小说、戏曲、修辞学、文学概论、中国文学史、西洋文学史、国学概论、中国哲学史、古籍校读法、比较世界文学、历史学、言语学、社会学、论理学及科学方法论、美学

以上为必修课目

群经通论、诸子通论、诗赋通论、词曲通论、历代文评、哲学概论、心理学、社会变迁史、社会进化论、社会心理学、清代汉学家的科学方法、金石学、世界文化史、新闻学、第二种外国语、世界语

以上为选修课目

（三）英国文学系

散文、诗歌、小说、戏剧、高等文法、修辞学、作文、语音学、英美文学史、欧洲文学史、欧洲近代文学、演说及辩论、社会学、经济学、心理学、教育学、政治学、英国史、西洋史、历史哲学、论理学及科学方法论、第二种外国语

以上为必修课目

文学概论、中国文学史、比较世界文学、美学、哲学概论、社会变迁史、

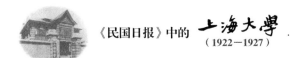

社会进化论、社会思想变迁史、社会心理学、世界文化史、世界语

以上为选修课目

（四）俄国文学系

散文、诗歌、小说、戏剧、文法、修辞学、作文、俄国文学史、欧洲文学史、欧洲、近代文学、演说及辩论、社会学、经济学、心理学、政治学、俄国史、俄国革命史、西洋史、历史哲学、论理学及科学方法论、第二种外国语

以上为必修课目

文学概论、中国文学史、比较世界文学、美学、哲学概论、社会主义史、社会变迁史、社会进化论、社会思想变迁史、社会心理学、世界文化史、世界语

以上为选修课目

（五）绘画系

美学原论、美学史、艺术学、艺术史、艺术考古学、艺用解剖学、远近学、心理学、社会心理学、哲学概论、艺术教育学、音乐、外国语、实习

除音乐艺术教育学外皆为必修课目（附白）

一、以上各系课目，学分皆未注出，由各系教授于开学时另订之。

二、学程之排列先后，亦由各系教授于开学时另订之。

三、课程表由教务处于开学时另订之。

1923年6月19日

上海大学之近况

上海大学中国文学系乙组学生,昨日(二十二)下午一时在本班教室开全体会议,公推陈荫南君为主席。讨论问题甚多,其重要者如下:(一)刊印同学录;(二)下学期创办周刊;(三)公举周学文、汪钺至校长处面呈应改事体;(四)学年考试后开茶话会以唔留别云云。

1923年6月23日第三张第十一版

上海大学建筑新校舍

本埠上海大学,早日议决在宋园建筑新校舍。前日(二十四日)该校职员邓安石、陈德徵两君,会同美孚工程师方保障君,同茌宋园测量,以便构图云。

1923年6月26日第三张第十一版

行将去国之留学生

上海大学卒业生杨秀涛,对于艺术素有研究。近因为研究高深艺术起见,将于本月放洋至法。杨君乃后进之秀,将来回国,定能于艺术界另开一新纪元也。又南通姚[赵]吟秋、常熟范曼云,本亦定于本月出国,因护照未到,不克成行。闻赵系至瑞士研究文学,范系至法研究雕刻。又美专校唐端钰、林培舆,不日亦将留日云。

1923年7月2日第三张第十一版

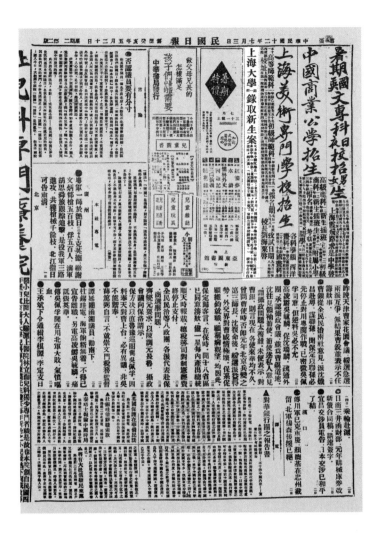

上海大学第一期录取新生案

大学部 中国文学系一年级：韦杰三、陈钧、孙维垣。

中学部 高级中学二年级：阮泰标。高级中学一年级：董开祥、谷宾如、刘文衡。初级中学一年级：马岳斌、皇甫毓美、严道纯、林天汉（林天汉投考手续，未完，望该生速来校办理清楚）。

校长于右任白

1923年7月3日第一张第二版

上海大学毕业之盛典

（一）欢送会　昨日（一日）本埠上海大学全体学生举行欢送会，欢送该校美术科图音组、图工组毕业生。是日到者，除该校教职员及全体学生外，尚有来宾曹刍等。首由该校学生陈子英致开会辞，略谓"今日系本校美术科同学第一次毕业，吾等同学，于此将别之际，情思殷殷，故特开欢送会留别"云云。次由图音组毕业生奏乐。次即请来宾曹刍演说，略谓"艺术之趋势有二：一曰纯艺术，一曰人生艺术。纯艺术，对于个人，自然有陶冶性情之能事。但艺术之急切，其原因尚不在此，吾人必须将民众痛苦之呼声，假艺术以宣泄之"云云。次由邓安石演说，略谓"革命之手段不一，而假艺术手段以从事革命，其收效亦大，在目下无产阶级被压迫之时，吾人尤不能不以艺术宣泄和安慰被压迫者之痛苦"云云。次由曾伯兴演说，略谓"离却人生，便不能有艺术，尚望毕业同学在艺术上用工夫,以改善人生"云云。次由陈德徵演说,略谓"毕业生一出校门,便直接和社会接触。本校毕业生,对社会责任尤重大,望本校毕业生此后对于病的社会,下一番救济和安慰的工夫。又毕业生对于母校中,亦负有重大责任,望本校毕业生于救济社会之余,尽力扶助本校向上发展"云云。次由沈雁冰演说,略谓"人生艺术底趋势亦有二:其一即托尔斯泰之无抵抗主义,其一即罗曼罗兰之大勇主义。吾以为在事实上和时势上看,无抵抗主义底理想,未免太高。而罗曼罗兰之大勇主义,主张由糟的一方面前进,有时似乎又不免令人失望,所以目下所急迫,还是俄罗斯阿尔支拔绥夫所提倡的对于社会痛恨而努力从事于革命的一法"云云。末由毕业生朱凤文、王显诏致谢辞而散。

(二)聚餐会　又昨日该校学生为送别该校毕业生起见,特集资聚餐,觥筹交错,颇极一时之盛云。

(三)宋园摄影　该校拟自下年起极力整顿,定有详细计划,并拟在宋园建筑新校舍,详情已纪前报。兹闻该校旧有美术科图音、图工两班学生三十四人毕业,在校学生因分别在即,因发起游览宋园,作最后之聚乐。上午九时出发,十时到园或坐或立,自由谈笑。于是静穆幽美之宋园,一变而为欢欣腾喧之乐土。该校校长于右任先生为宋渔父共事革命之老友,在此高冢遗像之旁,不禁慷慨交集,遂向众演说。大意谓"宋先生是一位有预备的政治家。未革命以前,遂将革命时之文告及成功后之建设计划静心预备,彼时我(于君自谓下依此)方以为迂,宋先生则曰早日准备,他日可不致有临渴掘井之苦。袁世凯、赵秉钧辈何以要暗杀宋先生呢,即以宋先生是位政治家,主张政党内阁,袁、赵辈深忌之,故下此毒手。现谋杀宋先生者(如袁世凯、赵秉钧、洪述祖等)与知宋案真相者(如黄克强、陈英士等)皆相继死去,只剩我一人。现在袁贼虽死,而袁贼化身却布满国中,国事蜩螗如故。我无能,未能有所建树,以慰国民,以报死友。及今思之,且愧且痛。诸君年富力强,其奋勉毋怠"云云。学生深为感动,大鼓掌,后遂摄影数帧而散。

1923年7月3日第三张第十版

上海大学国乙茶会记

上海大学中国文学系乙组学生,因放假在迩,平日聚首一堂,今则天各一方,未免流[留]恋不舍。昨日(五日)下午二时,在该校第六教室举行茶会,以晤留别。其开会秩序如下:(一)摇铃开会;(二)奏乐;(三)主席报告;(四)自由谈话;(五)茶点;(六)余兴。又该级学生因政变及长沙惨案,延至今日尚无结果,特规定每人回家,应尽国民天职。露天宣传,以谋群众运动。并闻(国乙)周刊,决定下学期开学后出版。

1923年7月6日第三张第十一版

上海大学学生会闭会

本埠上海大学学生会,成立以来,对于校内一切治理颇着成效。近因暑假在迩,前日(七月五日)在该学生会办公室开全体职员会,宣布闭会。该会又奉校长面谕,在暑内举委员二人,襄助校务进行事宜。闻已推定陈子英、夏小溪二君留校云。

1923年7月8日第三张第十一版

《民国日报》中的 上海大学（1922—1927）

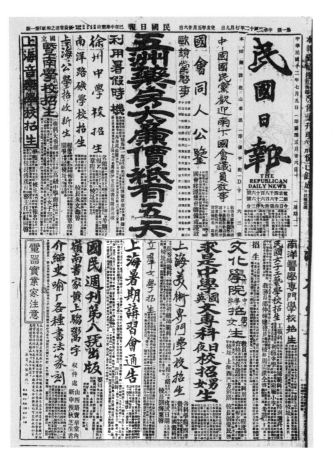

上海暑期讲习会通告

本会邀约上海学界同人趁这暑期内各校休假余闲，选定了国民常识中必需的几种科目，分日讲授。有志来会听讲者，在开课以前随时可来报名。简章、科目、讲师姓名，列下：

简章 一（听讲员）男女兼收（不供膳宿）；二（期限）七月十七日起，至八月二十五日止，星期日照常讲习；三（听讲费）每人两元，于报名时缴足，掣取听讲证，凭证听讲；四（讲习时间）上午八时至十一时；五（会址）借新重庆路庆余里民国女子工艺学校；六（报名处）望平街民国日报馆，棋盘街民智书局。

科目及讲师 画法大意（吴怡怡女士），欧美"节""会"仪式（朱贡三），音乐大意（吴梦非），新文学概要（谢六逸），中国小说学（叶楚伧），现代文学（沈雁冰），词曲作法（王莼农），美学常识（陈望道），修辞大意（陈望道），世界语（胡愈之），注音字母（李级仁），会议手续（沈玄庐），家庭卫生（董翼孙），中国外交史略（何世桢），英法美政党比较观（刘慎修），上海租界章程（狄侃），民国史要（刘康侯），关于两性的现行法（狄侃），中国宪法史略（邵力子），法制大要（汤宗威），全民政治（何世桢）

1923年7月9日第一张第一版

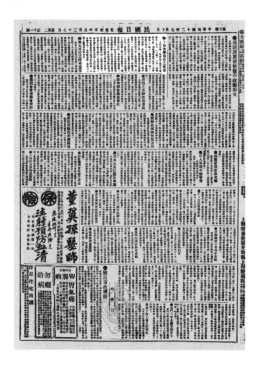

上海大学前日之盛会

  上海大学美术科图工、图音甲组学生，前日（八号）下午一时开辞别会。到者为校长于右任，及教职员二十余人，毕业生三十余人，同学百余人。摇铃开会后，首由张开元奏乐，朱凤文致辞别辞，校长训以博爱二字。陈望道先生指出绘画当求适于人生，与其闭门临一裸体美人，不如在田间写一裸体农民。叶楚伧先生说人生是社会全体之一小段，专认小己，未免苟且偷安，凡我同学，倘不能排除阻力，达到改革之目的，为全社会造幸福，即非吾徒。邵力子先生谓诸同学须注意于开新路，如儿童画通俗画皆可救国云云。次由同学高诚和勉毕业同学以改造学校之精神入社会。然后由王德庆致谢，程嘉咏答词，助以王星奎之戏法，石补之像声，穆光国、王德庆之京曲，及教员陈德徵、曾伯兴、冯壮公、洪禹仇之笑话，皆有声有色。奏乐散会后，复成立上海大学毕业同学会云。

1923年7月10日第三张第十一版

上海大學畢業式誌盛

▲美術科畢業三十四人

上海大學為養成中等學校圖畫手工音樂師資起見，特設美術科圖畫圖工兩組。定為兩年畢業。本年為畢業之期。前日（九日）該校舉行畢業式。下午二時開會。首由校長于右任先生致開會辭。次由教務長葉楚傖先生報告。請來賓居覺生田野先生報告畢。由居先生演說。給授證書畢。由彭素民先生演說。梓琴先生演說。次李大釗先生演說。又次李大釗先生曾伯興踏石先生演說。王羅雲卻力子曾伯興踏石先生演說。最後由總務長鄧安石先生報告卜年以後進行之計劃。促教職員與學生共同努力。末由畢業生代表程嘉詠致答辭。唱歌奏樂而散。旋由教職員導來賓參觀。續展覽室。一所。一歲油畫。一歲木炭畫。計分三水彩畫。並將所製手工配置其間。頗覺滿室生輝。清麗悅目。據該校洪主任云。此為改為上海大學後半年餘之作品。由此足見該校畢業生之猛進。不負辦事人之苦心矣。（圖工組二十二人）劉德宜、江蘇武進。戴炳宜、江蘇武進。戴經正、江南陽泰縣。胡金培、江蘇泰縣。詹春三

補、安徽鄉縣、福建永安。陳實、廣西蒼梧。石程禹詠、安徽祁門。王星奎、山東益都南常傑、陳鈞、安徽泗縣。殷國仁、湖、吉林吉林縣。劉劍秋、福建南安、唐鈺、江蘇興化。劉培根、湖北大治。張斌、浙江青田。陳琛如、山東平原。張守安徽懷寧、田申、山東平原。張守緒、周濟、安徽嘉興。陳詠楷、福建音江。（圖晉組十二人）王顯詔、張廣東潮縣。王德愚、江蘇江都。張開元、江蘇泗陽。李運芬、江蘇熟。范玉璐、江蘇常熟。蔡謙、安建甘江。葵吉光、福建同安。徐為雨、安英、江蘇宜興。姚文雄、浙江衢州、徐石麟、浙江溫州。李士徽鳳陽。楊秀濤、貴州江口。

上海大学毕业式志盛·美术科毕业三十四人

上海大学为养成中等学校图画、手工、音乐师资起见，特设美术科图音、图工两组，定为两年毕业，本年为毕业之期。前日（九日）该校举行毕业式，下午二时开会。首由校长于右任先生致开会辞，次教务长叶楚伧先生报告，次由美术科主任洪野先生报告毕，请来宾居觉生先生给授证书毕；由居先生演说，次由梓琴先生演说，次彭素民先生演说，又次李大钊先生演说，次教职员王登云、邵力子、曾伯兴诸先生演说；最后由总务长邓安石先生报告下年以后进行之计划，促教职员与学生共同努力；末由毕业生代表程嘉咏致答词，唱歌奏乐而散。旋由教职员导来宾参观成绩展览室，计分三所：一藏油画，一藏木炭画，一藏水彩画，并将所制手工配置其间，颇觉满室生辉，清丽悦目。据该校洪主任云，此为改为上海大学后半年余之作品，由此足见该校毕业生之猛进，不负办事人之苦心矣。附该校毕业生之人名。（图工组二十二人）刘德宣，河南南阳；戴炳宣，江苏武进；戴经正，江苏泰县；胡金培，江苏泰县；詹春三，福建永安；陈实，广西苍梧；石补，安徽寿县；王星奎，山东益都；程嘉咏，安徽祁门；殷嗣仁，湖南常德；陈钧，安徽泗县；朱凤文，吉林吉林县；刘剑秋，福建南安；唐铠，江苏兴化；刘培根，湖北大冶；张弦，浙江青田；陈璞如，安徽怀宁；田申，山东平原；张守绪，安徽寿县；刘祖伟，安徽寿县；周济，安徽盱眙；陈家楫，福建晋江。（图音组十二人）王显诏，广东潮县；王德庆，江苏江都；张开元，江苏泗阳；李莲芬，江苏常熟；范玉骏，江苏常熟；蔡谦，福建晋江；蔡吉光，福建同安；李士英，江苏宜兴；姚文雄，浙江衢州；徐石麟，浙江温州；孙为雨，安徽凤阳；杨秀涛，贵州江口。

1923 年 7 月 13 日第三张第十版

上海大学第二次招生

（一）名额：（大学部）社会学系、中国文学系、英国文学系、俄国文学系、绘画系各招一年级新生一班。（中学部）高级中学二年级插班生二十名、一年级新生一班，初级中学一年级新生一班，各班男女兼收。又原有中国文学系、英国文学系及美术科图音、图工各级尚有余额，有相当程度者亦可投考插班。

（二）报名期：每日上午九时起至下午三时止，地点上海闸北青岛路本校及山东路民国日报馆，报名时须纳报名费二元、四寸半身照片一张。

（三）考试期：八月五日起，地点在本校。

函索章程须附邮票四分。

校长于右任启

1923 年 7 月 14 日至 8 月 10 日

暑期讲习会今日讲全民政治·何世桢博士主讲

  上海暑期讲习会于本月十七日开讲后,先为叶楚伧君之"中国小说学",次为汤宗威君之"法制概要"。以上两项讲演,于昨日完毕。今日起至二十七日止由法学博士何世桢讲演"全民政治",每日上午九时起至十一时,讲坛仍在新重庆路庆余里民国女子工艺学校。该会以"全民政治"为共和国必要的常识。何博士又为蜚声中外之法学家,其所演述,皆采撷各国民治精神而加以比较与介绍者。凡愿得"全民政治"真义者,不必有听讲证,均可入席听讲。又闻该全部讲演中,有沈雁冰君之"现代文学",沈玄庐君之"会议手续",胡愈之君之"世界语",陈望道君之"美学",朱贡三君之"欧美仪节",邵力子君之"中国宪法史略",王莼农君之"词曲",谢六逸君之"新文学概要",吴怡怡女士之"画法大意",吴梦非君之"音乐大意",乐嗣炳君之"注音字母",董翼生君之"家庭卫生",江亿平君之"上海租界章程",狄狄山君之"两性的现行法",刘康侯君之"民国史要",刘慎修君之"英法美政党比较"等各门。除已排定讲期外,将陆续登报宣布云。

1923 年 7 月 23 日第三张第十版

暑期讲习会讲宪法史

上海暑期讲习会自二十三日起至二十七日止，由何世桢博士讲全民政治，听者颇众。今日为此项讲演之末一日，何博士将以讨论的形式，征取听讲员之批评。该会自明日（二十八）起至三十日，由邵力子先生演讲中华民国宪法史。每日上午八时半起至十一时半止。讲所仍在新重庆路庆安里民国女子工艺学校。当此制宪议论热闹时期，得此有统系的讲演，谅为各界所乐闻。闻此项讲演，仍为公开，听讲者随时可签名入座云。

1923年7月27日第三张第十版

《民国日报》中的 上海大学（1922—1927）

上海大学录取新生案

大学部 社会学系一年级：庞铁铮、凌昌策、周士冕、谢硕、朱松年、崔善尊（试读）、崔兆枚（试读）、白致荣（试读）。中国文学系一年级：韩儒修、徐石麟、潘济博、金启文。英国文学系二年级：邱青钱。英国文学系一年级：李光腾、陈祖武、涂光隽、印集。绘画系一年级：董翰。

中学部 高级中学二年级：葛克信。高级中学一年级：高万章、吴瑜。初级中学一年级：高万仞、王绍仁。又，美术科插班生：廖湘波。

以上录取诸生，请于九月十号入学可也。

校长余［于］右任启

1923年8月8日第一张第一版

上海大学教职员会

昨日正午,上海大学全体教职员假一江春聚宴,由校长于右任先生主席。席间讨论各项进行方法,并照章推定评议员十人。评议会为该校最高会议,不设议长,开会时由校长主席,由评议员中互选书记一人,均以一年为任期。除校长为主席评议员外,当即推定叶楚伧、陈德徵、邓安石、瞿秋白、洪野、陈望道、周颂西、冯子恭、邵力子九人为评议员,并决定由陈德徵君担任评议员书记。闻第一次评议会,将于明日(十号)在该校举行云。

1923年8月9日第三张第十版

上海大学之近况

　　闸北青岛路上海大学,鉴于整理旧文学、研究新文学及养成中学以上国文教师,均亟须培养专才,特创设中国文学系以应时代需要,本学期共办一、二年级两级。已聘定陈望道先生为主任,兼授修词学、美学、语法、文法学等,沈仲九先生教授中国文学史及选文(语体),沈雁冰先生教授西洋文学史,叶楚伧、邵力子两先生教授历代著名文选(包含群经诸子及史传),俞平伯先生教授诗歌、小说、戏剧,田汉先生教授文学概论及西洋戏剧,高冠吾先生教授文字学,李仲乾先生教授金石学。其英语及社会科学等则由别系教授兼任。此外尚有章太炎、褚理堂诸先生担任特别讲座。精神异常焕发,新学生除已投考录取者外,连日报名尤极踊跃云。

　　该校校长于右任教授、邵力子、陈望道三君,现被上虞白马湖暑期讲习会请去讲学,教务长瞿秋白、总务长邓安石君,被如皋暑期讲习会请去讲学。

1923年8月12日第三张第十版

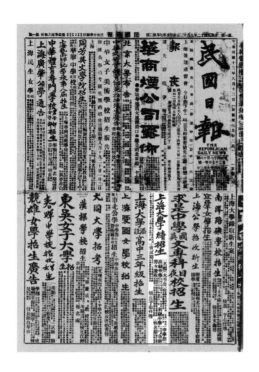

上海大学续招生

（一）名额：大学部社会学系、中国文学系、英国文学系、俄国绘画系各招一年级新生一班。中学部高级中学添设三年级新生一班、二年级插班生二十名、一年级新生一班；初级中学一年级新生一班。各班男女兼收。又原有中国文学系、英国文学系及美术科各级尚有余额，有相当程度者亦［可］投考插班。

（二）报名期：每日上午九时起至下午三时止。地点：上海闸北青岛路本校及山东路民国日报馆。报名时须纳报名费二元、四寸半身照片一张。

（三）考试期：九月一日起。地点在本校。函索章程须四［附］邮票［附］四分。

校长于右任启

1923年8月13日第一张第一版

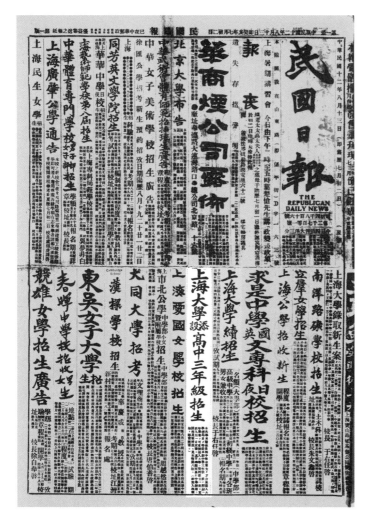

上海大学添设高中三年级招生

本大学为补救旧制中学毕业生才能未能入大学者起见，特设高级中学三年级一班，期以一年毕业，可直接插入大学。现招新生一班。定于九月一日试验。其手续概照高级中学办理。课程及教授表，见本报第八版。（函索入学须知，即当照寄。）

1923年8月13日第一张第一版

來件

●上海大學概況附錄之一

（高三概略）

本大學為一般舊制中學畢業而程度未能考入大學之學生熱心向學起見，特由評議會議決於本學年招收高級中學三年級學生一班其辦法如下。一、欲投考高中三年級者，須有舊制中等學校正式畢業文憑。二、該項三年級學生畢業，由本校發給高三畢業文憑，程度與本大學預科程度相等。三、該高級中學三年級學生畢業，可直接入本大學或轉其他大學與本大學程度相當之學校肄業。四、高三定一年畢業。五、高三分為文學社會科學二科。六、其他一切入學手續須按照高中章程辦理。

高二課程及教授表（必修科目）

倫理學—邵力子。國文四葉楚傖。第（種外國語五）英文—王登雲邵詩舟。社會科學四曾伯興。共計十四學分、（及共選科）中國哲學史大綱二沈仲九。西洋哲學史大綱二沈仲九。中國文學史大綱二沈雁冰。美學—陳望道。論理學及科學方法論—陳德徵。世界文化史二張春木。社會進化史二瞿秋白。

高三定分為文學社會科學一部國文學史二沈仲九。英美文學史二陳蒼遐四胡哲謀。英美文學史二陳德。俄文—瞿秋白。近代英文學一馮子恭。第二部（社會科學）漢修課目。社會學三瞿秋白。社會政策二劉宜之。社會運動史二施存統。社會思想史二施存統。經濟學三葉和森。法學通論二現行法二倪狀。萬國公法二秋倪。中國漢經科十四學分畢業期滿。還修學分公共選學分。不得超過四學分。認定選修第一部或第二部之後。不得中途更換。各科滿十八者開班。

國文學史二沈仲九。中國語法及文法一陳望道。中國文學史二沈仲九。英美文學史名著選四胡哲謀周頌西。英文文辭學一馮子恭。第二部（社會科學）漢修課目。

社會問題概觀二陳德徵。心理學二陳德徵。第一部（文學科）選修課目。文字學—高冠吾。文學概論二俞平伯。歷代詩文選四葉楚傖邵力子。中國語法及文法一陳望道。

上海大学概况附录之一（高三概略）

本大学为一般旧制中学毕业而程度未能考入大学之学生热心向学起见，特由评议会议决于本学年招生高级中学三年级学生一班，其办法如下：一、欲投考高中三年级者，须有旧制中等学校正式毕业文凭。二、该高级中学三年，与旧制大学预科程度相等。三、该项三年级学生毕业，由本校发给高三毕业文凭。可直接入本大学或转其他与本大学程度相当之学校肄业。四、高三定一年毕业。五、高三暂分为文学、社会科学二科。六、其他一切入学手续须按照高中章程办理。

高三课程及教授表（必修科目）：伦理学一，邵力子；国文四，叶楚伧；第一种外国语五，王登云、邵诗舟；社会科学四，曾伯兴；共计十四学分。（公共选科）：中国哲学史大纲二，沈仲九；西洋哲学史大纲二，沈仲九；中国文学史纲二，沈仲九；西洋文学史纲二，沈雁冰；美学一，陈望道；论理学及科学方法论一，陈德徵；世界文化史二，张春木；社会进化史二，瞿秋白；社会问题概观二，陈德徵；心理学二，陈德徵。第一部（文学科）选修课目：文字学一，高冠吾；文学概论二，俞平伯；历代诗文选四，叶楚伧、邵力子；中国语法及文法一，陈望道；修辞学一，陈望道；中国文学史二，沈仲九；英美文学名著选四，胡哲谋、周颂西；英文修辞学一，胡哲谋；英美文学史二，陈德徵；俄文一，瞿秋白；近代英文学一，冯子恭。第二部（社会科学科）选修课目：社会学三，瞿秋白；社会政策二，刘宜之；社会运动史二，施存统；社会思想史二，施存统；经济学三，蔡和森；法学通论二，狄侃；万国公法二，狄侃；中国现行法二，狄侃；政治学大意二，张心诚。

本级以修毕必修科十四学分及选修科十四学分为学业期满。选修学分中公共选修学分，不得超过四学分。认定选科第一部或第二部之后，不得中途更换。各科满十人者开班。

1923年8月13日第二张第七版

上海大学首次评议会·组校董会，筑新校舍

上海大学改组计划及延聘有名人物充当教授，已纪前报。闻前日校全体新教职员在一江春开会，议决组织评议会，处理全校一切根本重大事务。当场推选叶楚伧、陈德徵、邓安石、瞿秋白、洪野、周颂西、冯子恭、陈望道、邵力子等九人为评议员。该评议会已于昨日下午在校开第一次会议。议决案件甚多，其中最重要者：（甲）克期组成校董会，校董资格决定五项，（一）全国国民所敬仰，足为学生模范者；（二）教育界上负有声誉者；（三）出资助成学校经费及校舍者；（四）与宋公遁初有密切关系者；（五）于本校发展事项著有劳绩者。并拟请定孙中山先生为名誉校董。蔡子民、汪精卫、李石曾、章太炎、张溥泉、马玉山、张静江、马君武等二十余人为校董，限九月一日以前与各校董接洽妥当，限九月二十日以前成立校董会。（乙）限半年内筑成新校舍。该校深感现在校舍湫溢，另迁亦无相当房屋，据尽于半年内在宋园建筑社会科学图书馆及学生寄宿舍。为专责成起见，特另设校舍建筑委员会，以该校总务长邓安石兼委员长，陈德徵、曾伯兴、钱病鹤、冯子恭为委员，并延请张溥泉、邵子猷二先生为该会顾问云。

1923 年 8 月 13 日第三张第十版

上海大学赴杭州招生

上海大学拟于下半年大加扩充,已志前报。近又因浙省子弟来学者多,特在杭州浙江省教育会设立招考处,请该校特别讲师张乃燕博士主持一切,定本月十九、二十日假浙省教育会举行入学试验。闻该校招生委员会委员长陈德徵君特于今日乘车赴杭亲往监试云。

1923年8月14日第三张第十版

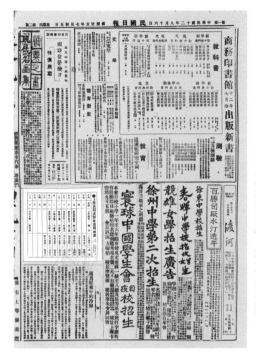
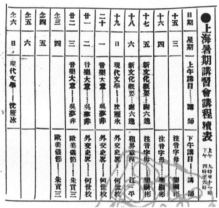

上海暑期讲习会讲程续表

上午：九时至十一时；下午：四时至六时					
日期	星期	上午讲目	讲师	下午讲目	讲师
十五	三			注音字母	乐嗣炳
十六	四			注音字母	乐嗣炳
十七	五	新文化概要	谢六逸	注音字母	乐嗣炳
十八	六	新文化概要	谢六逸	租界章程	江亿平
十九	日	现代文学	沈雁冰	外交史略	何世枚
二十	一	音乐大意	吴梦非	外交史略	何世枚
廿一	二	音乐大意	吴梦非	外交史略	何世枚
廿二	三	音乐大意	吴梦非	欧美仪节	朱贡三
念三	四			欧美仪节	朱贡三
念四	五				
念五	六				
念六	日	现代文学	沈雁冰		

1923 年 8 月 16 日第一张第二版

暑期讲习会昨今讲题

　　上海暑期讲习会昨日由乐嗣炳先生讲授注音字母。乐君语人云，将以极简便之法，于短时期中，使所者各得基本练习以去，故讲解极简捷扼要。今明两日，将继续讲授，且有详明易解之讲义分给者，备平日自行研练之用云。

1923年8月16日第三张第十一版

暑期讲习会文学演讲

上海暑期演讲会,昨由谢六逸先生讲演"新文学概要"。谢君乃近今文学界之有名人才,素受识者推重,故一般关心新文学之男女青年,莫不争先往听。文学的范围甚广,因时间关系,故此次只得限于诗歌、小说、戏剧三项。以后若有机会,或再讲其他种种。首先说明文学之意义,解释非常详尽,大概分文学的感情、文学的想象、文学的思想三大要点。十一时始毕。今日仍当继续讲演云。

1923 年 8 月 18 日第三张第十版

暑期讲习会昨日演讲

上海暑期讲习会昨日仍由谢六逸先生继续讲演"新文学概要"。下午由江亿平先生讲演。原题本为"租界章程",江先生以此题过大,讲演时间短促,特改讲中国法庭的组织情形和上海英美法租界会审公堂之内容,明了异常。缘江先生为美国卫礼士律师帮办,出庭三年,故甚熟悉,往听者十分踊跃云。闻明日上午为沈雁冰之"现代文学",下午为叶楚伧之"中国外交史"云。

1923年8月19日第三张第十版

暑期讲习会之昨日

上海暑期讲习会昨日上午为沈雁冰"现代文学"之第二期讲演,题为"革命后俄国和德国的文学",于两国民族性及各派文学言之极详。下午为叶楚伧讲演"中国外交史"之第一日,大略分三节:(一)外交之意义;(二)中国在国际间之地位;(三)各国对华外交政策。明日上午由吴梦非讲"音乐大意",下午则继续讲外交史云。

1923年8月20日第三张第十版

《民国日报》中的 上海大学 (1922—1927)

上海大学中学部近况

　　闸北青岛路上海大学，为培植根本人材计，对于中学部异常注意。该部主任陈德徵君于中等教育研究有素，下年在高级中学方面注重选修制，闻分为文学、社会科学、艺术三科。一年级除公民学、国文、英文等必修科二十六学分外，在分科课目中得任习二学分。二年级除必修科二十学分外，在分科课目中得任习八学分。已聘定沈仲九、冯子恭、邵诗舟、施存统、徐荛女士、曾伯兴等分别担任必修科目，叶楚伧、蔡和森、狄侃、洪野、仲子通等担任选修科目。陈君又在该校评议会提议举办高三，以副一般旧制中学毕业才力不及入大学者向上求学之望，已得该校评议会正式通过。闻该校高三分为文学、社会、科学三科，其中必修科，仅十三学分，其余十五学分俱为选科。所聘讲师如瞿秋白、邵力子、叶楚伧、王登云、沈雁冰、陈望道、蔡和森、狄侃、张春木、张心诚等皆一时知名之士。又该校初级中学，现招一年级新生一班，课程经主任陈君审订后，极其完备，连日报名者颇不乏人云。

1923年8月23日第三张第十版

暑期讲习会宣告结束

　　上海暑期讲习会自开讲以来,已有六星期之久,各种科目业已完毕。昨为结束之期,上午由沈雁冰先生续讲前星期之"现代文学",分述"新兴各小民族之文学"。讲毕,由叶楚伧先生报告,准于本星期三(二十九日)上午十一时假宁波同乡会摄影,十二时聚餐云。

1923 年 8 月 27 日第三张第十版

暑期讲习会聚餐记

昨日正午，上海暑期讲习会开聚餐会，讲师到者有沈雁冰、胡愈之、乐嗣炳、谢六逸、陈望道、何世桢、吴梦非、董翼孙、邵力子诸君。听讲员到者男女约三十人。入席后，由叶楚伧报告讲习会经过，及国民党愿与青年合作之热诚。继由邵力子、何世桢两先生演说。餐毕，摄纪念影而散。此次暑期讲演，人数虽不甚多，精神却非常充实，故其结果殊圆满云。

1923 年 8 月 30 日第三张第十一版

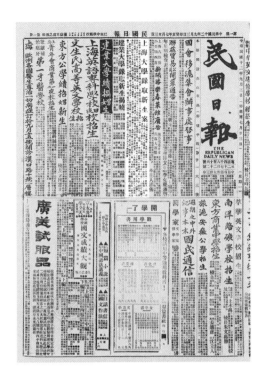

上海大学录取新生案

大学部 社会学系一年级：王逸常、徐德据、徐梦秋、曹蕴真、陶樑、陶淮、李清漪、徐鹏骞、顾相勋、梁铭钟、何成湘、黄培垣、金铸、安剑平、毛钟骅（杭州）、朱灵生（杭州）、王赤（试读）、江培初（试读）、熊国华（试读）、许乃昌（试读）、李孝纯（试读）、樊培伦（试读）；中国文学系二年级：（试读）蒋抱一、李迪民（试读）。中国文学系一年级：张湘皋、罗雪坡、黄泗英、伍哲孚、俞伯岩、朱韫辉、孙羲、施德普（杭州）、王耘庄（杭州）、林登岳（杭州）、戴朝寀（杭州）、陈自新（试读）、樊文超（试读）、杜恩承（试读）、王芬桂（试读）、郭竣森（试读）、江华（试读）；英国文学系二年级：蒋畸士（试读）、李福棠（试读）；英国文学系一年级：黄竟成、唐秉理、蒋浩川、陈时文、牛万青（试读）、邵善謇（试读）；绘画系一年级：胡宏让。

中学部 高级中学二年级：汪泳坚、庞琛、柯枒、宋荫铭、向子春、曹利生；高级中学一年级：罗玉书、石德晏、张大勋、万士锐；初级中学一年级：姚之元、蒋守基、夏文藻、陈光玉、周藻、周云巢、陈培钧、张徵福（试读）；又美术科图音组插班生：黄懋闳、黄楚藩；图工组插班生：张学诗。

以上录取诸生，希于九月九日来校缴费。

1923年9月3日第一张第一版

上海大学反对贿选电

上海大学学生为北京贿选成立，通电云：

全国各省教育会、学生会、商会、农会、工会、及各机关、各学校公鉴：北洋军阀曹锟、吴佩孚辈，丧权辱国，屠杀人民，凡有血气，早应奋兴，誓不两立。今者，曹、吴诸大民贼，恶焰更张，竟在光天化日之下，公行贿赂，盗买总统，攫取政权。是而可忍，孰不可忍！中华民国，主权在民，若我国民，睹此横暴反动之政局，尚不急起图救，势非使全国糜烂，尽受军阀之残暴宰割而不止。吾人分属国民，在理在势，均难坐视，故敢不自量力，奋臂高呼：誓与军阀曹、吴辈决一死战！极端反对曹、吴辈以武力金钱盗劫总统之一切卑劣行为！顾维钧、吴景濂等，甘心附逆，亦与曹、吴诸大民贼一体对待。国民乎！时机急矣，已非吾辈酣睡之时，应速奋醒，将吾商工农学各界，一致团结于国民革命共同旗帜之下，与军阀作战。尤有进者，北洋军阀曹、吴辈之所以能攫取政权，祸国殃民，皆有列强之扶植。最近列强之铁路共管，增驻军舰、军队之主张，更足以亡我中国，为共管中国之先声。吾人不欲中华民国成为独立民主之国家则已，若欲使中华民国为独立民主国家，非对军阀一致攻击，根本铲除其势力不可。临电翘企，无任愤慨。上海大学学生会叩歌。

1923 年 10 月 9 日第三张第十版

上海大学近事两则

马君武博士讲学

马君武博士自担任上海大学特别讲座后,昨日星期六博士莅校讲赫凯尔一元哲学。赫氏原书马博士曾经口译,故讲述特详。讲辞由学生笔记,现在整理中。

筹开一周纪念会

上海大学成立于去年十月念三号,今届一周年纪念日,特由学生发起开纪念大会,现正分组筹备。除由学生要求邵力子教授转邀汪精卫、张溥泉两先生讲演外,届日并有学生自编之新剧、由男女学生同表演、剧名《女神》及《曹锟盗国》。并有美术科学生分组奏国乐及西乐,已定者为笙箫横吹、凡乌林合奏、钢琴独奏等。又有女生之单人舞、滑稽舞。计游艺项目约十种。届时必有一番盛况也。

1923年10月22日第三张第十版

上海大学特别讲座布告

本大学为提高文化起见,已经预请海内硕学多人担任长期讲演,校内外皆可自由听讲,无须入场券。兹将现在演讲人及题目报告于左:

演讲人:马君武先生;题目:一元哲学

时间:每星期六下午一时起;地点:闸北青岛路本校

1923年10月25日至11月10日第一张第二版

上海大学特别讲座广告

明日上午八时,请李大钊先生讲史学概论;十时,请胡适之先生讲科学与人生观。地点:闸北青岛路本校。校外来听讲者亦一律欢迎,无须入场券。

1923年11月10日第一张第二版

上海大学之近况

上海大学自本学期力求整顿后,校务蒸蒸日上。近闻该校所设特别讲座已举行。最近主讲者有马君武讲题为"一元哲学"二续,李大钊讲题为"史学概论"六次讲完,胡适之讲题为"科学与人生观"。又该校美术科成绩颇著,有新自日本归国之王道源(东京美专毕业)、王国源(日界广岛师范毕业)二先生到校参观,由该科洪主任招待,并请其讲演,题为"日本美术界之状况"及"艺术的文明"云。

1923年11月10日第三张第十版

《民国日报》中的 上海大学（1922—1927）

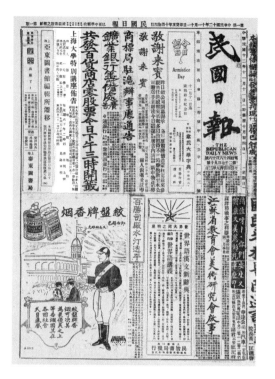

上海大学特别讲座布告

本大学为提高文化起见，特设特别讲座，已预请硕学多人陆续担任主讲。因学术为公，故校外愿来听讲者，亦一律欢迎，无须入场券。兹将各讲演人及题目等列表宣布于次：

讲演人／题目／时间

马君武先生／一元哲学（二续）／每星期六下午二时起

李大钊先生／史学概论（六次讲完）／每星期二、日两日上午八时起

胡适之先生／科学与人生观（一次讲完）／本星期日（十一日）上午十时起

地点皆在闸北青岛路本校

1923 年 11 月 11 日至 14 日

各学校消息汇志·上海大学

　　该校美术学系学生组织之探美画会，十一日举行第一次自励会，陈列洋画二百余种，国画四十多种，均会员作品。请各指导员批评。四点后茶话。对于艺术之言论颇多发表。晚七时开全体会员茶话会，讨论进行计画［划］及会员应负之责任云云。

1923年11月13日第三张第十一版

《民国日报》中的 上海大学（1922—1927）

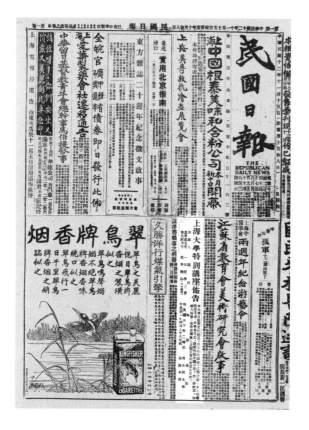

上海大学特别讲座布告

本大学为提高文化起见，特设特别讲座，已预请硕学多人陆续担任主讲。因学术为公，故校外愿来听讲者，亦一律欢迎，无须入场券。兹将各讲演人及题目等列表宣布于次：

讲演人 / 题目 / 时间

马君武先生 / 一元哲学（二续）/ 每星期六下午二时起

李大钊先生 / 史学概论（六次讲完）/ 每星期二、日两日上午八时起

地点皆在闸北青岛路本校

1923年11月15日至26日第一张第一版

● 上海大學發展之將來

上海大學已為一般社會認為新文化之指導者。至其近來內部組織及其發展中之計劃。尚有為記者所未明瞭者。記者發見閱所骨賜述一二。當該處一週紀念時。記者嘗參與廉間。聽汗精衛張溥泉演講及校長于右任致詞。俱以造成新中國先養成士氣為指歸。其中日訓練之課目。大可想見。閱其中社會系及其他文藝系。俱有各種團體研究之組織願有成績可觀。近日定期請演如馬君武之一元哲學。李守常之史學概論。胡適之科學與人生觀。講稿不日可以彙成專集。

築與圖書館設備尚屬目前重要問題。據記者察所得。則云校舍為學校之基礎。詳誰無存。講頌榮託。昔東溪大學以學問氣節風率一時。明季閱君講學而天下清職省隨東林。使當時無百塔之宮以位皋比。無何度以聚國士。乾坤悵慨哭。我校創辦伊始。茲擬積極以謀建築。校舍酒廬。安石承之招築校舍委員早競成。諸同學如有。以智慮之疏割者。手計劃之始。當着現當委員會議決進行者。尚有勉事。以便提交委員會議決。旆行。邪許交呼。易趾欣盼云云。即此可見將來美輸美奐？覩不難早觀厭成。而絃歌諸學之風定可蚤起士氣。建築基址而任宋園。建築時期朗朗在望。費閉從事纂集。建築期可發工云。

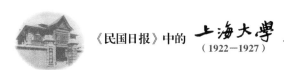

上海大学发展之将来

上海大学已为一般社会认为新文化指导者,至其近来内部组织及其发展中之计划,尚有为社会所未明了者。记者爰据见闻所得略述一二。当彼处一周纪念时,记者亦参与座间,听汪精卫、张溥泉演讲及校长于右任致词,俱以造成新中国先养成士气为指归。其平日训练之课目,大可想见。闻其中社会系及其他文艺系俱有各种团体研究之组织颇有成绩可观。近日定期讲演如马君武之一元哲学、李守常之史学概论、胡适之科学与人生观,各种讲稿不日可以汇成专集。惟校舍建筑与图书馆设备尚属目前重要问题。据记者考察所得,教务处揭示一则云校舍为学校之基础,辟雍无存,讲诵奚托?昔东汉大学以学问气节风率一时,明季顾君讲学而天下清议皆归东林。使当时无百堵之宫以位皋比,无广厦以聚国士。弦歌声辍,乾坤惨黯矣。我校创办伊始,校舍犹虚。兹拟积极以谋建筑,期早观成。安石承乏建筑校舍委员长。以智虑之疏庸,惧榱题之莫举,现当着手计划之始。诸同学如有精思卓见,凡可以匡助进行者,尚望条举见告。以便提交委员会议决施行。邪许交呼,曷胜欣盼云云。即此可见将来美轮美奂之观不难早睹厥成,而弦歌讲学之风定可奋起士气。建筑基址闻在宋园,建筑经费闻从事募集,建筑时期明年暑期当可藏工云。

1923 年 11 月 17 日第三张第十一版

上海大学之特别讲座·请章太炎演讲

上海大学特别讲座,向例每礼拜俱请名人到校演讲。兹闻该校因李大钊、马君武两君均已讲毕,故本礼拜日(即十二月二日)午后二时特请章太炎先生讲演,题为"中国语言统系"。欢迎校外来宾,无需入场券,自由入座听讲。

1923年12月1日第三张第十一版

上海大学昨日之讲演·章太炎讲演"中国语音统系"

本埠上海大学除正式功课异常认真外,并设特别讲座,延聘海内硕学分期主讲。昨日为章太炎先生讲演,题为"中国语音统系"。此题原极枯燥,章先生能以犀利之辞,深入浅出,故听众皆相悦以解,极其满意。听众除本校学生外,校外人士约有一二百人之多,教室挤满,后来者致不能入场。闻该校下星期拟请吴稚晖先生讲演,吴先生近发表一文,曰《一个新信仰的宇宙观与人生观》,全国青年极为倾倒,认其为"科学与玄学"战争之后第一篇建设文学。届时吴先生登台演讲,庄谐并出,当更能引动一班听众云。

1923年12月3日第三张第十版

湖波文艺会成立大会

上海大学学生方山等所组织之湖波文艺研究会昨日（五日）下午一时开成立大会。该会敦请沈雁冰、瞿秋白诸先生到会演讲，济济一堂，不下百余人。闻下礼拜将再敦请《小说月报》编辑郑振铎先生到会演讲云。

1923年12月6日第三张第十一版

《民国日报》中的 上海大学 (1922—1927)

上海大学底两个文艺团体

一、青凤文学会——青凤文学会是在十一月初间宣告成立的,他们底成立启事如下:

我们很愉快很自由地集合了,互助着研究我们所爱的文学,现在我们觉得我们正如凤鸟一样地在香木中燃烧。我们希望将来的美丽和永生,所以我们便以青凤作为我们的集合名字。

我们也没有一定的组织，也没有章程，也没有什么宣言，我们只是很愉快地报告我们的同志道："我们的青凤文学会从今天起成立了。"

李灏、施蛰存、戴克崇、戴朝寀、叶黄叶、张豪同启

通信处暂为：上海大学施蛰存转

十二，十一，九日

二、湖波文艺研究会——湖波文艺研究会是最近成立的，他们底宣言和会章如下：

我们在湖畔跳跃、歌唱、赞美。皎洁的水像镜子一般，微风一阵阵地过去，波纹慢慢地颤动，仿佛含笑地柔软地向我们欢迎：

"诗人，你们到这里来吟咏；

创作者，你们快来洗你们底埃尘。"

所以，"湖波"向众人道：

"我们永久地成立了！——湖波文艺研究会。'湖波'底微笑，永远向我们接吻。"

我们希望"湖波"一天一天地变成了大浪，荡漾着我们底的心向彼岸去领略那——美和快乐。

会员岳世昌、刘剑华、冯飞、傅超雄、郭镒、
王振猷、葛克信、冯超、黄之彦、方山

"湖波"的会章：

定名——湖波文艺研究会（简称"湖波"）。

宗旨——研究文艺。

会员——无条件加入。

组织——编辑、出版两部。

会期——每星期六一次。

进行——出不定期刊。

会费——临时募集。

通信处——上海大学方山

二三，十二，五

1923年12月7日

《民国日报》中的 上海大学（1922—1927）

上海大学之英语辩论·不分胜负

上海大学英国文学系二年级于昨日举行第二次英语辨［辩］论，题为废止学期试验。由王竟成、陈毅夫、孔庆波主正面，施锡其、李福棠、陈元丰主反面。公请该系主任何世桢博士为评判。一时唇枪舌剑，各尽其能，结果以各含有充分理由，不分胜负。R自上海大学寄。

1923年12月15日第二张第八版

● 上海大學之猛進

上海大學願以提高文化自居。半年以來。教授方面極爲鄭重。其中由教授自編講義者甚多。該校擬擇其尤精粹的編爲「上海大學叢書」。預計在一年內至少可出五種。該校章程業已修訂。學制一章中除原定設文藝院社會科學院外。亦已慎審規定。顧兼國內外各大學之長。組織與行政一章中。改評議會爲「行政委員會」。爲本校最高議事機關。除校長學務長校長及年系部主任電需爲委員外。幷由敎職員中遴聘四人爲委員。現已依據新章改組。于右任（校長）爲委員長。鄧安石（校務長）爲祕書。何

世楨（敎務長兼英文系主任）陳旦（總務長兼英文系主任）瞿秋白（社會學系主任）洪野（美術科主任）及葉楚傖邵力子曾伯興韓覺民（皆敎職員）爲委員。第一次會議決案甚多。其中決定寒假內招生兩次。第一次爲明年一月十八日。第二次爲二月二十二日。除原有之社會學系中國文學系英國文學系美術科高級中學及初級中學暨招收挿班生及選科生外。幷新設「英敎高等補科」一班。此項新進之設。係因內地來滬學生。每感覺英文數學程度不及。擬向該校要求張設。又聞該校因舊有校舍太狹。庚寒假內遷入新租校舍。現正在締約中。

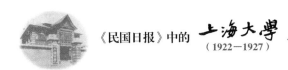

上海大学之猛进

上海大学颇以提高文化自励,半年以来,教授方面极为认真,其中由教授自编讲义者甚多。该校拟择其尤精粹的编为"上海大学丛书",预计在一年内至少可出五种。该校章程业已修订,学制一章中除原定设文艺院、社会科学院外,并添设自然科学院。已设各系之新学程,亦已慎审规定,颇兼国内外各大学之长。组织与行政一章中,改评议会为"行政委员会",为本校最高议事机关,除校长、学务长、校务长及各系部主任为当然委员外,并由教职员中选举四人为委员。闻已依据新章程改组,于右任(校长)为委员长,邓安石(校务长)为秘书,何世桢(学务长兼英文系主任)、陈望道(中国文学系主任)、瞿秋白(社会学系主任)、洪野(美术科主任)及叶楚伧、邵力子、曾伯兴、韩觉民(皆教职员)为委员。第一次会议决案甚多,其中决定寒假内招生两次,第一次为明年一月十八日,第二次为二月二十二日,除原有之社会学系、中国文学系、英国文学系、美术科、高级中学及初级中学皆招收插班生及选科生外,并新设"英数高等补习科"一班。此项新班之设,系因内地来沪学生,每感觉英文、数学程度不及,群向该校要求添设。又闻该校因旧有校舍太狭,决寒假内迁入新租校舍,现正在缔约中。

1923年12月25日第三张第十版

1924 年

《民国日报》中的 上海大学（1922—1927）

上海大学招生

本校大学部中国文学系一、二年级，英国文学系一、二年级，社会学系一年级，又专门部美术科图工组、图音组，又附属中学部高级中学一、二年级，初级中学一年级，均招收插班生。凡程度相当者，可于十三年一月六日起至十四日间，随带报名费二元、相片一张，至闸北青岛路本大学或望平街民国日报馆报名。一月二十、二十一两日上午九时到校应试。又新办英数高等补习科，专为内地中学毕业，或有中学相当程度，而于英文、数学两门程度稍浅者，谋速成补习之方便。报名及考试日期同上。

校长于右任白

1924年1月3日至2月18日

各学校消息汇志·上海大学

该大学已于前昨两日举行第一次招生,闻此次考试极为严格,共取录十名:刘峻山、吴甲、贾春蕃取入中国文学系一年级;林振镛取入英国文学系二年级;叶为耽取入英国文学系一年级;马凌山、杨之华取入社会学系;董开祥取入高级中学二年级;张继炎、吴耀麟取入高级中学一年级;章松如取入英算高等补习科。

1924年1月23日第三张第十一版

上大中国文学系近闻

上海大学中国文学系,自十二年暑假后由陈望道担任主任后,颇有改进气象。所聘教员如沈雁冰、田汉、俞平伯、邵力子、叶楚伧等,对于所教功课有专门研究者。学生多能努力求学,人数已达九十人。一切课程,寒假前由该系各教员修改一次,较以前更加切实。大约前三年必修科目居多,后一年为适应社会需要和发展各人个性计,设选修科四大类:第一类预备学生毕业后专门研究新文艺;第二类预备整理中国旧文艺;第三类预备作中学国文教师;第四类预备为新闻记者等。学生可选修一类。此次招考插班生,投考本系者十人,考取标准较以前严格,闻只录取三人云。

1924年1月24日第三张第十版

上海大学中学部消息

上海大学中学部,自前主任陈君辞职以后,校长于君即极力物色继任人物,兹已聘定杨君明轩担任。杨君历任陕西省立渭北中学第二中学教务主任及第一师范校长,此次任事,对于该部力求改进,各种计划均已拟定,不久即可发表。并已添聘张君石樵、李君未农、王君凤喈等为专任教员。尚拟聘请刘君薰宇为训育主任,惟刘君现任春晖中学教务主任,能否就聘尚难确定云。

1924年1月31日第三张第十一版

《民国日报》中的 上海大学（1922—1927）

上海大学招生

　　本校大学部中国文学系一、二年级，社会学系一年级，又专门部美术科图工组、图音组，又附属中学部高级中学一、二年级，初级中学一年级均招收男女插班生。凡程度相当者，可于十三年二月六日起至二十二日间，随带报名费二元、相片一张，至闸北青岛路本大学或望平街民国日报馆报名，二月二十三、二十四两日上午九时到校应试。又新办英数高等补习科，专为内地中学毕业或有中学相当程度，而于英文、数学两门程度稍浅者，谋速成补习之方便。报名及考试日期同上。

校长于右任白

1924年2月11日第一张第一版

上海大学迁新校舍

上海大学自去年下半年后,成绩蒸蒸日上,兹因闸北原校址湫隘,租定西摩路南洋路口洋房一大所,五日内即行迁入。该地房舍恢阔,有余地可供操场之用,又距电车站不远,交通便利。该校照原定计划,定二十二、三两日举行第二次招生,二十四日开学。

1924年2月16日第三张第十一版

《民国日报》中的 上海大学（1922—1927）

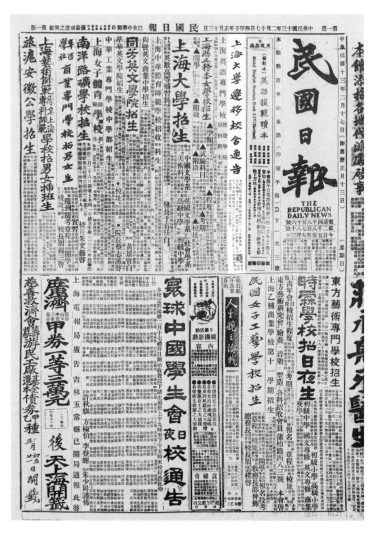

上海大学迁移校舍通告

　　本校已租定西摩路（南洋路口）二十九号洋房一大宅为校舍，定五日内迁入。五日后，新旧学生及投考者，均向该处接洽可也。又本校英文名（The University of Shanghai），各界如用英文写信，请照此写，以免错误。

1924年2月17日、18日第一张第一版

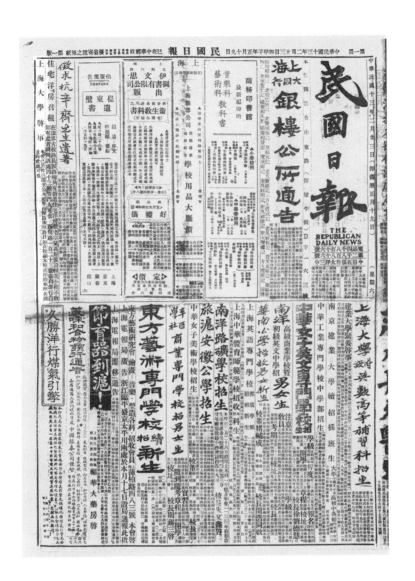

上海大学启事

本校已于昨日迁至公共租界西摩路南洋路口,如有投函本校或接洽事务者,请直向此处可也。

1924年2月23日第一张第一版

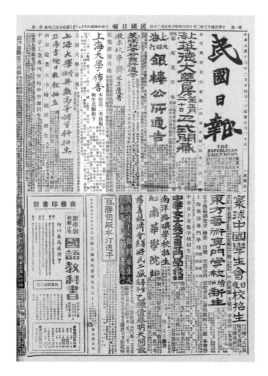

上海大学布告

本校第二次录取新生名额如下:

大学部中国文学系一年级本科生覃肇宗、特别生王郁青;英国文学系二年级本科生林寄华、吕绍瑨、吴养浩,英国文学系一年级本科生张善继、林鲁、汪泳坚;社会学系一年级本科生关中哲、焦养廉、陈纬夫、陈伟璇、冯士英、王向离、王艺钟、罗石冰、王振猷、冯骥、贡锡甲、黄鹤琴、李乃培、韩福民。

高级中学一年级试读生陈翘;初级中学一年级本科生吴东、穆春生、覃怀庆、顾森、张清生、覃斌,初级中学一年级试读生顾经训、李葆光、覃泽汉。

以上录取各生须于本月二十五日以后、二十九日以前来校报到交费。此布。

1924 年 2 月 24 日第一张第一版

学校消息·上海大学

上海大学自迁入西摩路新校舍后，一切进行较前顺利，报名者亦较上年增加，现共有五百余人。中学部方面又增聘教员多人，多为国内外大学毕业生。教务方面仍由何世桢博士担任。现定今日起，正式上课。

1924年3月3日第三张第十一版

学校消息·上海大学

路君锡祉系皖北凤阳人，皖属青年素为钦佩，本春留学东洋，已于前日来沪。今日下午，上海大学同乡夏小溪等十余人假大东酒楼与路君饯行。闻于明晨乘轮放洋。

1924年3月13日第三张第十一版

《民国日报》中的上海大学（1922—1927）

学校消息·上海大学

现已迁至西摩路，并在附近租赁民房为宿舍，第一宿舍在时应里，第二宿舍在甄庆里，第三宿舍在敦裕里。一切设备，逐渐就绪。并闻该校新添教授甚多，中国文学系添聘刘大白教文学史，胡朴安教文字学；英国文学系添聘何世桢教散文、小说及论理学，董承道教经济学，虞鸿勋教散文及文学史；社会学系添聘周建人教生物哲学；美术科添聘李骥教油画，陈晓江教塑造。其选修之现代政治，已预定者有胡汉民、汪精卫、马君武、张溥泉四先生，至其校长闻仍为于右任，学务长仍为何世桢，校务长仍为邓安石云。

1924 年 3 月 16 日第三张第十一版

110

上海大学添招俄文新生广告

本校因应社会之需求,特开俄文,新生从字母教起。有志者请于本月十八日以前来校报名可也。学费每半年十元。

1924年3月17日第一张第一版

《民国日报》中的 上海大学（1922—1927）

学校消息·上海大学

上海大学中学部一切教育行政，原与大学部合并，后因大学与中学性质颇异，如大学管理应相当放任，若中学则应相当严格，即其一端。该校行政委员会议决，自今年起，中学之教务与训育，皆与大学分开，惟事务仍统属大学之校务处。其主任闻为杨荃骏君，富有教育经验，国文、英文、数学三科皆设专任教员。闻国文为张石樵，英文为李未农，数学为韩觉民。

1924年3月17日第三张第十一版

学校消息·上海大学

该校应社会之要求,拟于下学期新添学系。该校行政委员会已推定各新添学系之筹备员:经济学系为瞿秋白;政治学系为刘庐隐;法律学系及商学系为何世桢;教育学系为陈望道、杨基骏。一面编制学程,一面物色教授,暑假后当另有一番新气象也。

1924年3月18日第三张第十一版

明日放洋之留法学生

上海大学美术系第一届毕业生张弦君,定于明日乘包岛斯号邮船赴法,研究美术,拟入巴黎美术大学肄业。同行者有东方艺术会会员柳圃青君、张德荣君。闻三君对于艺术素有研究,将来回国定有一番贡献。

1924 年 3 月 26 日第三张第十版

上海大学女生援助保定女师

本埠上海大学女生，昨为保定第一女子师范学校风潮、发出文电数通、照录如下：

（一）致保定二女师学生电：保定第二女师全体同学鉴、诸君为女子教育前途、誓死奋斗、同人愿为后盾、上海大学全体女生叩。

（二）致直隶教育厅电：直隶教育厅长鉴、保定女师校长殴辱女生、摧残教育、酿成风潮、贵厅职责所在、务请速允女生要求、撤换校长、否则全国女学将机起力争、誓不分任其咎也、上海大学全体女生叩。

（三）致各界通告：在现在女子教育萌芽的时候、无端的受老朽不堪的教育者摧残、这是何等危险呀、请看这次保定女师的风潮、那流着血的人、占着指导地位的校长及教员们、竟会率领工役殴打学生、蛮横的暴动、公然从廿世纪的女学校里的校长和教职员们做出、这是多可耻的事、这算女师一处的不幸吗、恐怕令人类都蒙着了那耻辱的毒汁了、并且还得让关系着保定女师底前途呢、恐怕我们女界教育大受影响呢、国内（政教育界）对女子的教育算什么、他们除借以位置私人靠做饭碗而争夺外、一概不知、不管、现任这种毁打学生、乱施威权、就是他们的能事、也是他们的热心、谓是怎样地摧残女子教育呵、我们不是永远做弱者的、我们要狂声呼号着、为保定女师教育底后援、同情与公理、在人类中是可以找得到的、所以我们现在决定要出一分专刊（按现已商定由妇女周报发行特刊）切迫希望女界奋起狂呼、作助成保定女师成功的雄师、并恳挚地请求各界一致赞助救援、那实是女子的万幸了、一致上海大学全体女生的言论、请于四日内寄民国日报编辑部转妇女周报社、上海大学女生全体附答。

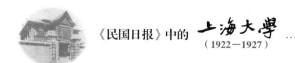

上海大学女生援助保定女师

本埠上海大学女生,昨为保定第二女子师范学校风潮,发出文电数通,照录如下:

(一)致保定二女师学生电

保定第二女师全体同学鉴:诸君为女子教育前途,誓死奋斗,同人愿为后盾。上海大学全体女生叩

(二)致直隶教育厅电

直隶教育厅长鉴:保定女师校长殴辱女生,摧残教育,酿成风潮。贵厅职责事所在,务请速允女生要求,撤换校长,否则全国女学界将继起力争,誓去学界蟊贼。风潮扩大,贵厅亦不能不分任其咎也。上海大学全体女生叩

(三)致各界通告

在现在女子教育萌芽的时候,无端的受老朽不堪的教育者摧残,这是何等危险呀!请看这次保定女师的风潮,那流着堪诅咒的毒血的人,占着指导地位的校长及教员们,竟会率领工役殴打学生,蛮横的暴动,公然从廿世纪的女学校里的校长和教职员们做出,这是多可耻的事,这算女师一处的不幸吗?恐怕全人类都溅着了那耻辱的毒汁了。并且这岂止关系着保定女师底前途吗?恐怕我们女界教育大受影响呢!国内(政教育界)对女子的教育算什么?他们除借以位置私人靠做饭碗而争夺外,一概不知、不管。现在这种殴打学生、乱施威权,就是他们的能事,也是他们的热心。这是怎样地摧残女子教育呵!我们不是永远做弱者,我们要狂声呼号着,为保定女师的后援。同情与公理,在人类中是可以找得到的。所以我们现在决定要出一份专刊(按现已商定由《妇女周报》发行特刊),切迫地希望女界奋起狂呼,作助成保定女师奋斗成功的雄师,并恳挚地请求各界,一致赞助救援,那实是女子的万幸了。上海大学全体女生

如有援助女生的言论,请于四日内寄《民国日报》编辑部转妇女周报社。

上海大学女生全体附启
1924年4月4日第三张第十版

平民教育消息汇志

  本埠上海大学自迁移西摩路以来,对于校务锐意图谋发展,如新校舍建筑之筹措,添办学系之规画[划]以及校刊、学生、娱乐诸事皆进行不遗余力。而该校人士向以改造社会为职志,对于社会事业,尤具勇猛进取的精神。近闻该校因鉴于中国现社会实有提倡平民教育之必要,爰于四月一日,召集筹办平民教育大会,首由校务长邓安石说明开会宗旨,次由程永言报告参与全国平民教育运动大会之经过情形,复次讨论实施平民教育之种种方案。当场即通过上大平民夜校组织大纲,并于教授及学生中公举卜世畸、程永言、马建民、刘剑华、郭镒、杨国辅、朱义权、王秋心等八人为上大平民义务学校执行委员,克日招生云。

1924 年 4 月 5 日第三张第十版

学校消息·上海大学

西摩路上海大学附设之平民学校，自委员会成立以来，筹备不遗余力，报名学生已达一百八十余人。现该校为求教授上便利起见，暂分为两级四组：以成年识字者为一级一组，成年不识字者为一级二组，童年识字者为二级三组，童年不识字者为二级四组，将来尚需设妇女特别班以利成年妇女。又闻该校订于十四日午后七时举行开校式，已缄知上宝平民教育促进会及西区平民教育联合会派人参观，并有电影、音乐等以助余兴。

1924 年 4 月 13 日第三张第十一版

关于平民教育运动之进行·上大平民学校开学

西摩路上海大学平民学校,昨晚举行开学式,校门前高悬国旗校旗,并置通告开学之五彩花灯及图画多种。到会者有学生二百八十余人,来宾及学生家属约百数十人,由该校职教员殷勤招待,秩序井然,七时十分振铃开会。(一)奏乐。(二)全体向国旗行礼。(三)该校主任卜世畸致辞,详述开办平民学校之缘起。(四)总务朱义权报告筹备经过。(五)演讲有邵仲辉、刘剑华、曹斌等,大致谓平民教育为当今之急务,使学生能了解平民教育之意义。(六)有寰球中国学生会之留声机及电影以助余兴。十时散会,并闻该校定于今晚七时起分班上课。

1924年4月16日第三张第十一版

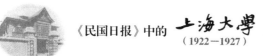

学校消息·上海大学

西摩路上海大学义务书记和少数学生,为谋该校同学购买书报便利起见,特组织上大书报流通处,代售国内各著名书报,已于十六日正式开幕。

1924年4月18日第三张第十一版

学校消息·上海大学

该校美术系现组织旅行西湖写生团,分为两队:第一支队准于明日(二十一号)出发,第二支队尚未卜定行程。该团再取自然组织,并无红绿旗帜之表示云。

1924年4月20日第三张第十一版

"上大"平民學校消息

西摩路上海大學附設之平民學校,自十五日晚分班開課後,因學生過多,該校全體職教員已將原有規定之班級,依年齡程度嚴格改為六班、現在計分為一級一班為童年不識字者、一級二班為成年不識字者、二級三班(甲乙兩組)為童年已識字者、二級四班(甲乙兩組)為成年已識字者、共分六大教室上課,此平素對於教育富有研究興趣的該校全體職教員共四十一人、均係番對於平校,盡量招收附近一般失學的平民、實地給予相當的教育,閱報名者已達四百五十餘人、實際上課者已達三百六十餘人、科目分六種、最注重的是《識字》和《算學》又該校鑒於國內語言之不統一、以致一般失學的平民不能從普遍的語言當中、(如演講之類)得着相當知識、所以對於國語一科亦同時並重,近來該校更為管理便宜起見、已由全體職教員選舉級任四人、主持各班教務、同時又由教務部指定課堂助教四人、任晚分頭到各班課堂視察、該校之最能令人滿意的、是每晚放學時對於學生途間之照料、尤為週至、規定任晚女生早十分鐘放學、男生則由各級主任及助教員依次領出校外、護送歸家、並聞該校為適應一般商業人才的需求起見、已由上大英文系同學等另組織一英文義務補習班、學費免收、書籍自備、定今晚七時上課。

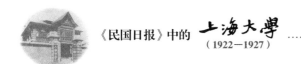

"上大"平民学校消息

西摩路上海大学附设之平民学校,自十五日晚分班开课后,因学生过多,该校全体职教员已将原有规定之班级,依年龄程度严格改为六班。现在计分为一级一班为成年不识字者,一级二班为童年不识字者,二级三班(甲、乙两组)为成年已识字者,二级四班(甲、乙两组)为童年已识字者,共分六大教室上课。该校全体职教员共四十一人,均系平素对于教育富有研究兴趣的。此番对于平校,尽量招收附近一般失学的平民,实地给予相当的教育。闻报名者已达四百五十余人,实际上课者已达三百六十余人,科目分六种,最注重的是"识字"和"算学"。又该校鉴于国内语言之不统一,以致一般失学的平民不能从普遍的语言当中(如演讲之类)得着相当知识,所以对于国语一科亦同时并重。近来该校更为管理便宜起见,已由全体职教员选举级任四人,主持各班教务,同时又由教务部指定课堂助教四人,每晚分头到各班课堂视察。该校之最能令人满意的,便是每晚放学时对于学生途间之照料,尤为周至。规定每晚女生早十分钟放学,男生则由各级主任及助教员依次领出校外,护送归家。并闻该校为适应一般商业人才的需求起见,已由上大英文系同学等另组织一英文义务补习班,学费免收,书籍自备,定今晚七时上课。

1924年4月21日第三张第十版

学校消息·上海大学

中法通惠工商学校去年因风潮出校之学生,多于去年暑期考入他校。惟尚有一部,因英文程度之关系,未能考得相当学校。现其中有褚维樾等特向上海大学请求下学期开办法国文学系正科,已得该校校长于右任允许,并嘱其从速征集未入校之旧同学。褚君等特设筹备处于法租界大自鸣钟湘余公行内,正在积极征集诸同学云。

1924年4月23日第三张第十一版

学校消息·上海大学

张溥泉君允为上大建筑校舍赴南洋募款,昨日上午九时上大全体教职员学生开欢送大会,并请汪精卫、胡汉民、谢持诸君到会演讲。先合摄一影以志纪念,然后奏乐开会。由上大建筑校舍促进会委员长曾鲁君主席报告,并代表同学致欢送词,次张君答词,继汪、胡、谢三先生演讲,末由该校代理校长邵力子君代表全体教职员学生致词欢送,奏乐散会。张君出校时,该校全体同学又随着送出校外鼓掌,表示最后欢送之诚意,并闻张君不日即行南往云。

1924 年 5 月 8 日第三张第十一版

上海大学书报流通处启事

敝处为宣传文化起见,有书报流通处的组织,经售国内各大书社的出版品——社会科学、新文学、自然科学一类的书籍和刊物。各地出版的书报,如愿委托代售,极表欢迎。请将代派简章和书目寄来,以便查考,并赐寄最近出版的书籍和开刊物,以察试敝处的销场,不胜盼感!惠函寄上海西摩路。

上海大学书报流通处谨启

1924 年 5 月 17 日

上海大学援助宁学生

上海大学学生,因南京河海工程学校学生石愈白发布"五一"传单被拘,至今未释,昨特通电援助云:河海工程学生石愈白,因发布"五一"传单,被警厅拘押半月,备受虐待,至今未放。民国约法,人民皆有言论之自由,石君发布传单,本为人民应有之权利,万望各界一致主持正义,起而援助石君,争回自由云云。

又致齐韩及警厅长王桂林与南京河海工程学校学生,其意相同,从略。

1924年5月18日第三张第十版

学校消息·上海大学

近日发行校刊,为该校传播校内消息、教员学生共同发表研究所得之刊物,每周出版一次,现已出至第三期。材料丰富,如胡汉民之"智识阶级与劳动阶级"、汪精卫之"对于学生运动之一感想",立论皆极精深正确。并闻售价每份仅铜元两枚,定[订]阅半年收洋五角,全年收洋九角,邮票在内。外间定[订]阅,只须寄费至该校出版部,即可寄上。

1924年5月20日第三张第十一版

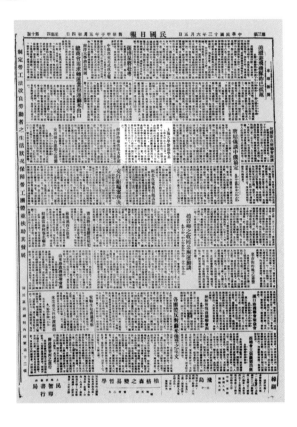

上海大学新添学系

　　上海大学自去秋以来,锐意改进,今春迁至西摩路后,校务日益发达。近因社会方面需求甚殷,已由该校行政委员会议决,自下年起,添办政治、经济、教育、商业四系,每班定额四十名,其旧有之中国文学、英国文学、社会学三系,美术科、高级中学各添招新生一班,初级中学添招新生两班。闻分三次招考,第一次为七月十一、二两日,第二次为九月十五、十六两日,第三次为九月廿五、廿六两日。共各系部新教授现正着手聘请,约半月后即可定妥云。

1924 年 6 月 5 日第三张第十版

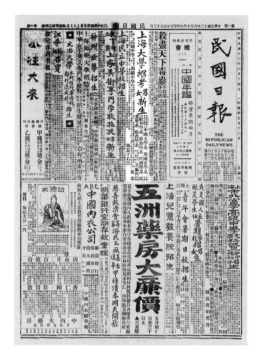

上海大学招考男女新生

本校本学期大学部文艺院之中国文学系、英国文学系,社会科学院之社会学系、政治学系、经济学系、商业学系、教育学系,各招收新生一班;专门部之美术科招收新生一班;中学部之高级中学招收新生一班;初级中学招收新生两班。又原有之高中、初中及英算高等补习各班招收插班生。

考期分三期:第一期为七月十一、十二两日;第二期为九月十五、十六两日;第三期为九月廿四、廿五两日。报名自六月十六日起。须随带试验费二元、最近四寸半身照片及文凭或转学证书。函索简章者,须附邮票四分;索本校一览者,须附邮票十五分。空函恕不作复。地点在爱文义路西摩路本校。

校长于右任

1924年6月14日第一张第一版

上大学生组织艺术会

上海大学美术科毕业学生张学诗、李适中、廖寿乾等十五人,暑期拟在芜湖组织安徽艺术会。该会以联络同志、交换知识、促进艺术为宗旨,并闻有上海美专、上海艺术师范、南京美专、武昌中华大学诸同志加入。

1924年6月17日第三张第十版

上海大学美术科毕业·举行成绩展览两日

上海大学开办美术科以来,成绩卓著。去年夏毕业两班,内地聘为教师者几于供不应求。自去年秋季起,该校更罗致一般有名教习,益求进步,故本届毕业学生成绩比去年尤佳。闻该校定于本月二十一、二十二两日自上午九时起至下午四时止,举行成绩展览会。二十二日下午二时举行毕业式,敦请本埠有名艺术家到校批评。兹录其毕业式秩序如下:(一)摇铃开会;(二)奏乐;(三)向国旗、校旗行三鞠躬礼;(四)校长报告;(五)学务长报告;(六)主任报告;(七)授与证书;(八)来宾演说;(九)教职员演说;(十)毕业生答辞;(十一)奏乐;(十二)散会。

1924年6月20日第三张第十版

上大浙江同乡会开会

上海大学浙江同乡会,前日下午开本学期第二次常会,到会三十余人。朱义权主席,报告浙江财政调查会、浙江救国大会来函及最近绍女师状况。次会计报告本学期收支账目。议决案:(一)代电卢臧,暂容臧军驻浙,但不得增加浙省负担;(二)函复浙江救国大会,赞成将孙王立像遗臭;(三)调查委员会决于假前组织;(四)介绍部先从介绍投考学校入手,职业介绍从缓;(五)推朱义权为出席浙江财政调查会代表。十时散会。

1924年6月22日第三张第十版

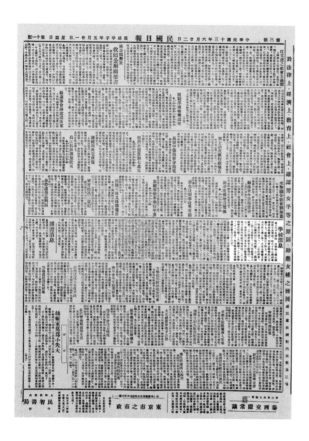

学校消息·上大平民学校

西摩路上海大学附设平民学校,昨日下午七时行毕业式及休业式,到者全体学生二百数十人,教职员三十余人,及来宾朱少屏、王耀三等,主任朱义权主席。开会秩序录下:(一)振铃开会;(二)向国旗行三鞠躬礼;(三)国乐;(四)主任报告;(五)冯兰馨女士给凭;(六)张琴秋女士给奖品;(七)来宾王耀三、朱少屏、冯兰馨,教员戴邦定,学生陈绍先等演说;(八)全体学生唱歌;(九)国乐;(十)余兴;(十一)散会。此次毕业省[者]仅成绩最优之学生三十六名。

1924年6月22日第三张第十一版

《民国日报》中的 上海大学 (1922—1927)

上海夏令讲学会简章

一、本会为上海学生联合会所组织，以利用暑期休暇研究各种学术为宗旨，定名为上海夏令讲学会。
一、凡有志来会听讲者，不论性别年龄，依本简章之规定，均得报名入会。
一、本会所讲科目以及各科讲师如下：

第一星期、全民政治（何世桢）、中国宪法史（邵力子）、社会科学概论（瞿秋白）、人生哲学（董亦湘）、社会进化史（施存统）、新经济政策（瞿秋白）、妇女问题（陈望道）、美学概要（陈望道）；

第二星期、三民主义（戴季陶）、中国外交史（叶楚伧）、外交问题（沈玄庐）、唯物史观（董亦湘）、帝国主义（李春蕃）；

第三星期、租税原理（李权时）、经济思想史（安体诚）、教育问题（杨贤江）、注音字母（吴稚晖）、世界语（胡愈之）；

第四星期、劳动问题概论（施存统）、中国农民问题（萧楚女）、中国劳工问题（邓安石）、工会论（陈济）、各国劳动状况（刘伯伦）、青年问题（杨贤江）；

第五星期、合作概论（张廷灏）、消费合作（毛飞）、信用合作（许绍棣）、农业合作（张廷灏）、合作史略（许绍棣）、心理学概要（阮永剑）、商业常识（张子石）、国内贸易（邓安荣）、商业政策（张子石）、簿记（邓安石）；

第六星期、进化论（周建人）、科学方法论（韩觉民）、无线电概论（经斌）、抵抗治疗法（高野）、夏令卫生（董翼孙）、诉讼常识（何世桢）；

第七星期、中国政治经济状况（恽化英）、中国近世史（左舜生）、世界近世史（沈泽民）、比较政治（何世桢）、民刑法概略（何世枚）；

第八星期、中国革命史（汪精卫）、中国财政问题（李权时）、俄国革命史（叶楚伧）、中国小说学（陈承隆）、近代文学（沈雁冰）、近代剧（田汉）。

（未完）

上海夏令讲学会简章

一、本会为上海学生联合会所组织,以利用暑期休暇研究各种学术为宗旨,定名为上海夏令讲学会。

一、凡有志来会听讲者,不论性别年龄,依本简章之规定,均得报名入会。

一、本会所讲科目以及各科讲师如下:

第一星期,全民政治(何世桢),中国宪法史(邵力子),社会科学概论(瞿秋白),人生哲学(董亦湘),社会进化史(施存统),新经济政策(瞿秋白),妇女问题(陈望道),美学概要(陈望道)。

第二星期,三民主义(戴季陶),中国外交史(叶楚伧),外交问题(沈玄庐),唯物史观(董亦湘),帝国主义(李春蕃)。

第三星期,租税原理(李权时),经济思想史(安体存[诚]),教育问题(杨贤江),注音字母(吴稚晖),世界语(胡愈之)

第四星期,劳动问题概论(施存统),中国农民问题(萧楚女),中国劳工问题(邓安石),工会论(陈涛),各国劳动状况(刘伯伦),青年问题(杨贤江)。

第五星期,合作概论(张廷灏),消费合作(毛飞),信用合作(许绍棣),农业合作(许绍棣),合作史略(张廷浩[灏]),心理学概论(阮永钊),商业常识(张子石),国内汇兑(张子石),簿记(邹安众),商业政策略史(凌瑞拱)。

第六星期,进化论(周建人),科学方法论(韩觉民),无线电概论(缪斌),抵抗治疗法(高野),夏令卫生(董翼孙),诉讼常识(何世桢)。

第七星期,中国政治经济状况(恽代英),中国近世史(左舜生),世界近世史(沈泽民),比较政治(何世桢),民刑法概略(何世桢)。

第八星期,中国革命史(汪精卫),中国财政问题(李权时),俄国革命史(陈承荫),中国小说学(叶楚伧),近代文学(沈雁冰),近代剧(田汉)。

(未完)

1924年7月1日第三张第十一版

《民国日报》中的上海大学（1922—1927）

上海夏令讲学会简章

一、本会定於七月六日至八月三十一日（共八星期）、每日八小时为讲学时间、星期日照例休息、
一、本会讲学以八小时为一学程、每学程收费五角、交费八元者得自由听讲、此项听费应於该科开讲前交清、小学教员有所在学校负责证明者、得免其听费、
一、凡听讲四科目以上者、得寄宿会内、免其宿费、每月牧杂费洋一元、（其寄宿不满一月者均以一月计算）、膳费每月六圆、以上各费须於迁入宿舍前交清、
一、本会各科均有讲义、交应讲费者该科讲义得由评议会发给一分、

凡欲购买各种讲义、其价目另订之
一、本会规定随时举行名人演讲会、以资灌输学术联络感情、凡属本会会员均得参与、会员同业会等、
一、本会会址在西摩路上海大学、本会总报名处开会前定於上海西摩路上海大学刘一清处、报名分处定於江湾复旦大学陈承陛、南洋大学经斌、中华职业学校王仁、同文书院唐公宪、九畝地万竹小学陈印庭、远东商业专门学校温崇信、省立第二师范孙祖基、杭州浮桥街最新街七号沈支厦、闽会后可直接向本会报名、凡报名者须随交信金一元、此项信金於开会后退还、报名不到者不在此例、

上海夏令讲学会简章

一、本会定于七月六日至八月三十一日（共八星期），每日八小时为讲学时间，星期日照例休息。

一、本会讲学以八小时为一学程，每学程收费五角，交费八元者得自由听讲。此项听费应于该科开讲前交清，小学教员有所在学校负责证明者，得免其听讲费。

一、凡听讲四科目以上者，得寄宿会内，免其宿费，每月收杂费洋一元（其寄宿不满一月者均以一月计算），膳费每月六元。以上各费须于迁入宿舍前交清。

一、本会各科均有讲义，交听讲费者该科讲义得由评议会发给一份。凡欲购买各种讲义，其价目另订［定］之。

一、本会规定随时举行名人演讲会、会员同业会等，以资灌输学术联络感情，凡属本会会员均得参与。

一、本会会址在西摩路上海大学。

一、本会总报名处开会前定于上海西摩路上海大学刘一清处，报名分处定于江湾复旦大学陈承荫、南洋大学缪斌、中华职业学校王仁、同文书院唐公宪、九亩地万竹小学陈印庐、远东商业专门学校温崇信、省立第二师范孙祖基、杭州荐桥街严衙弄七号沈玄庐。开会后可直接向本会报名，凡报名者须随交信金一元，此项信金于开会后退还，报名不到者不在此例。

1924年7月2日第三张第十一版

夏令讲学会近闻·讲员学程已排定

上海学生联合会举办之夏令讲学会,现已筹备完全,准本月六号举行开学礼。所请讲员有汪精卫、李权时、沈玄庐、戴季陶、何世桢、何世枚、吴稚辉、陈望道、周建人、邵仲辉、叶楚伧等,其讲程各目,如全民政治、比较政治、科学概论、近代主学、美学概要、近代剧、消费合作、信用合作、中国财政问题、中国政治经济概况、近世史、中国外交史、宪法史等等。讲学期自七月六日起至八月三十日止,共计八星期。会址在爱文义路西摩路上海大学内,备有膳宿。现该会已报名入学者计有男女学员百人以上。

1924 年 7 月 4 日第三张第十版

上海夏令讲学会昨行开讲式·
听讲会员一百五十余人·戴季陶等三人演说

上海夏令讲学会系学生联合会主持办理,其筹备一切情形,已志前报。该会于昨日行开讲式,听讲员列席者达一百五十余人之多。先由会长陈承荫报告开办本会之目的及筹备经过情形。次请戴季陶、叶楚伧、何世桢三君演说。戴君谓夏令讲学会之目的,在使同志获得高等的常识,高等常识系有系统的经验的全部之谓,与普通所谓常识者不同。叶君谓讲学会有两种效用:其一为适应学员之需要,而求得适宜之学识;其二则讲学会之骨干,在养成一种风气,以与恶浊国家抵抗,故历史上讲学与党有不可分的关系,如明季之东林讲学,即造成守正不阿之东林党,中国目前无真正之党,所仅有者曰系曰派,统治于一种利益或一人之下,向无共同主张及活动,故欲求中国政治清明,非多开讲学会不为功云云。何君谓讲学会时期甚暂,诸君应抱研究态度,第一须用分析方法,第二须不盲从讲师学说。讲演时应时时叩问,始有心得。末由主席致谢词而散。该会现定今日开学,计有讲程五十一种,并备膳宿,尚有余额,可以报名听讲云。

1924年7月7日第三张第十一版

上大毕业同学会纪

上海大学毕业同学会,成于去夏第一届毕业同学。今夏该校第二届毕业同学,对于该会章程略有讨论,遂由在沪同学于昨日下午一时在母校开会,到者十五人,公推程永言君主席。修改章程后,以会务进行在急,选举一切尚待时日,议决暂票举临时职员负责,计总务委员程永言,交际委员史岩,文牍委员孙君谋、戴炳宣,庶务委员张惠如,会计委员涂竺筠。不日该会再集议讨论进行事项。

1924年7月8日第三张第十版

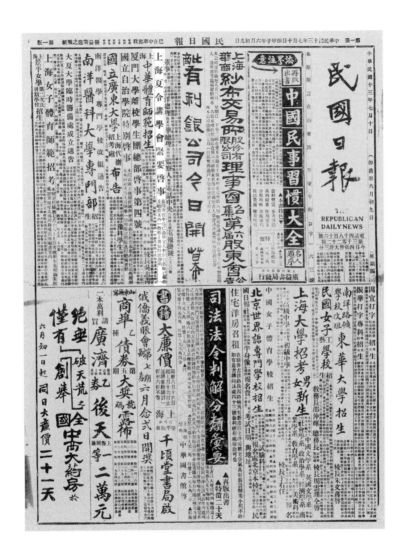

上海夏令讲学会紧要启事

　　兹因寄宿学员已过原定人数,即日起除已报名及缴费者外,一概停止寄宿。特此声明。

1924年7月10日第一张第一版

夏令讲学会之第一周

上海夏令讲学会于本月六日开讲。兹学员报名听讲者尚络续不止,但该会以男宿舍三所,女宿舍一所,均已住满,故后至报名住宿者已不收取。本周内之讲程,为全民政治(何世桢),三民主义(戴季陶),美学概要、妇女问题(陈望道),比较婚姻法(孙祖基),人生哲学(董亦湘),中国宪法史(邵力子),新经济政策(瞿秋白)等。尚有社会进化史及社会科学概论,因讲师病假,容后补讲。该会共八星期,现第一周甫于今日讲毕,尚有七星期讲演。又该会将于下周内举行音乐大会,现方在筹备中。

1924 年 7 月 12 日第三张第十版

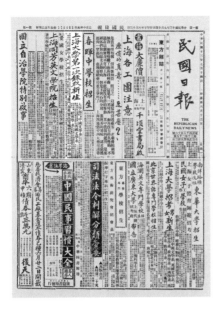

上海大学第一次录取新生

大学部文艺院中国文学系（正式生）：彭震寰、王友直、李伯昌、李成林、曹声潮、陈德忻、陈文奇、罗齐楠、钟应梅、全世堪；（试读生）石圣起、郭耀宗、黄沣波；英国文学系（正式生）：何葛崧、黄柏荪、左洄、李锡祚、张鸿林。社会科学院社会学系（正式生）：何秉彝、焦启铠、曹锡铭、扶大本、宋树潘、窦昌熙、罗伟、陈德昭、童德新、林钧、陈秦谦、谢秉琼、巫钲一、游鸾、江士祥；经济学系（正式生）：杨超；政治学系（正式生）：龚希直、厉国桢，（试读生）：金兆桂。专门部英算高等补习科（正式生）：符气正、符云瑞。

中学部（初中班）（二年级正式生）：盛世铎；（一年级正式生）：厉庆升、傅文、江景维、董梦花、赵振麟；（试读生）：钟宪德。

以上各生均须于开学前来学务处报到，理清入学手续，幸勿自误。

1924 年 7 月 14 日第一张第一版

《民国日报》中的 上海大学 (1922—1927)

上海夏令讲学会消息·社会问题研究会成立·第二周讲学会之科目

昨日下午七时,上海夏令讲学会社会问题研究会于上海大学开成立大会,到会者约百人,已签名加入研究者四十余人,由唐公宪主席,黄仁记录。先主席报告开会宗旨,次通过简章,推举委员五人,当选者李春蕃、唐公宪、黄仁、刘一清、徐恒耀等。后请施存统先生讲社会问题之起源及研究方法,恽代英先生讲社会问题之重要及研究之态度,后复有来宾李成先生之讲演,至十时半散会。会员及听众皆甚满意,并闻该会研究方法定为三种:(一)每星期开研究会一次,问题由会员或委员会提出;(二)随时敦请研究社会问题者讲演及指导;(三)各会员自由研究云。

又讲学会已开讲二星期,报名前往听讲者尚陆续不绝,第一周所讲科目及讲师已登各报,现将第二周所讲的录下:邵力子讲中国宪法史,叶楚伧讲中国外交史,李春蕃讲帝国主义,何世桢讲诉讼常识,吴稚晖讲注音字母,胡愈之讲世界语,刘一清讲五权宪法。天气虽热,但听讲员前往听讲者仍甚踊跃。

1924年7月22日第三张第十版

夏令讲学会近闻·职员会议之议案·讲学科程之变更

上海夏令讲学会于日前举行职员会,全体职员均到,陈承荫主席,议决事项,为举行同乐会,当经推定缪斌、陈印庐、孙祖基等十一人为筹备委员。至同乐会游艺节目,则大致分孙中山留声机演说、京剧、月琴、无线电话、音乐、幻术、跳舞数种。

又该会本周讲学科程,略有变更,由董亦湘讲"唯物史观",杨贤江讲"教育问题",李权时讲"租税原理",萧楚女讲"中国农民问题""外交问题"云。

1924年7月25日第三张第十版

《民国日报》中的 上海大学 (1922—1927)

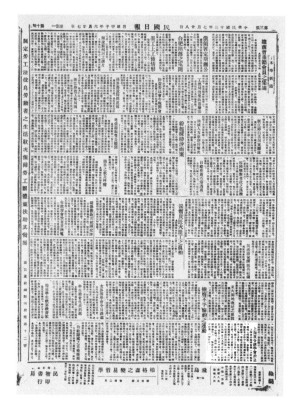

上海夏令讲学会消息

上海夏令讲学会第一次同乐会,前晚七时开幕,与会者二百余人。除原有之孙中山留声机演说、口笛、钢琴独奏、粤曲、京调、国技、昆曲、舞蹈外,又加入多种,如陈德仁之口笛蒙古调,龚女士之星舞,应令言女士之舞,宛爱玉、爱丽女士之儿歌,广东国乐团之粤乐、粤曲,尤为佳妙。又该会第四周请施存统讲"劳动问题概论"、恽代英讲"中国政治经济状况"、杨贤江讲"青年问题"、邓安石讲"中国劳工问题"、刘伯伦讲"各国劳动状况"。无论是否会员,均可听讲,以期普及。

1924年7月28日第三张第十版

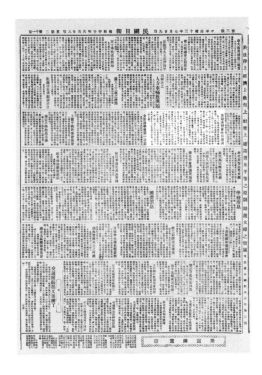

暑期讲习会昨日演讲

昨日上海暑期讲习会讲习两种学程：一、蔡乐生君讲实验心理学，上午七时三十分至八时一刻演讲学理，八时半至九时半，甲乙两组实验，下午一时至二时，丙丁两组实验。蔡君第一时所讲者，大致谓研究科学，不可无测验，如无测验，其流弊：（一）难得正确之因果；（二）研究实在不能证明；（三）结果不精确；（四）不能适于应用，或竟发生危险。二、华国章君讲各种测验法，所讲范围，经华君指定如下：（一）教育测验之沿革；（二）教育测验之性质；（三）教育测验之构造；（四）教育测验之功用；（五）教育测验之实施法；（六）教育测验之编造法；（七）各种测验式的考查法；（八）标准测验批评之研究。午后四时起举行交际会，会中有儿童教养院院长华林君讲"儿童与社会生活"，大致分四项：（一）家庭与儿童之关系；（二）儿童群性之发展；（三）儿童与暑假生活；（四）城市应有儿童娱乐之场所。此外有各名人之音乐及武术，颇极一时之盛。

1924 年 7 月 29 日第三张第十一版

上海夏令讲学会消息·下周请专家演讲

上海夏令讲学会本周演讲科目大部分为合作及商业方面之学说,如张廷灏"合作概论""合作史略",毛飞之"消费合作",许绍棣之"信用合作""农业合作",张子石之"商业常识""国内汇兑",凌瑞拱之"商业政策史",邹安众之"簿记",陈永钊之"心理学概论",自十一日至十七日。第六周则请专家讲演,预定周建人讲"进化论",韩觉民讲"科学方法论",缪斌讲"无线电概论",董翼荪讲"夏令卫生",又日人高野演讲"抵抗治疗法"云。

1924年8月8日第三张第十版

上海大学加考新生广告

近因各地学生纷纷以敝校考期太迟,要求期前加考。敝校行政委员会因决议于九月一日、二日加考一次,希投考诸生注意。

校长于右任

1924年8月18日第一张第一版

上海大学提前加考

上海大学考期原定九月十五、十六两日为一次,廿三、廿四两日为一次。惟近因各地学生纷纷以提前加考一次为请,该行政委员会因议决,准予加考一次,定期为九月一日、二日云。

1924年8月18日第三张第十版

上海大学新聘教授

上海大学新添学系,已志前报。顷闻该校政治学系已聘定张奚若为主任,杨杏佛等为教授;经济学系已聘定李守常为主任,戴季陶、蒋光赤、彭述之等为教授;商业学系已聘定殷志恒为主任云。

1924年8月20日第三张第十版

上海大学新聘之教授

　　上海大学新添学系延聘教授,进行甚力,其已聘定者已见昨报。顷闻该校原有之中国文学系、英国文学系、社会学系,除原有教授不动外,又新聘十余人。中国文学系新聘者,有任仲敏(词曲)、严既澄(诗歌)、方光焘(日本文学史、言语学、日文)、滕固(诗歌概论)数人;社会学系新聘者,有彭述之(社会进化史、经济学)、李达(社会思想史、社会运动史)、蒋光赤(世界史、俄文)、张太雷(政治学、政治学史)数人;英国文学系新聘者正在接洽中,不日可定。

1924年8月21日第三张第十一版

《民国日报》中的上海大学（1922—1927）

上海大学毕业同学会

上大毕业同学会，昨日上午十时在本校开会，主席程永言君。首由史岩、孙君〈谋〉提议，母校学务长何世桢博士自任事以来，对于学务颇为热心，今日闻有辞职消息，本会与母校关系密切，自应函请校长挽留何君回校，全体表决赞成。次议张惠如、杨沄提议，对于母校美术科应如何发展。结果公推代表史岩、张惠如、杨沄、孙君谋四人进谒校长磋商一切。

1924年8月26日第三张第十一版

上海大学学务之改进

　　上海大学鉴于学生人数日多,职员责任日重,学务方面犹有增加负责人员之必要,议决从本学期起,将学务处改由学务委员会,负责理事。学务委员即以中国文学系主任陈望道、英国文学系主任何世桢、社会学系主任瞿秋白等,及新设经济、政治等各系科部主任充之。日内正在举行入学考试者甚众,所定委员亦已全体负责办事矣。

1924年9月2日第三张第十一版

夏令讲学会已告结束

　　本埠西摩路上海大学内夏令讲学会,自七月六日开讲,预定八星期,已于昨日结束,听讲员二百余人均陆续返里。该会全体职员于前晚在会所开结束会议,议决:(一)推定孙祖基、端木恺及陈承荫三君为查帐[账]员,查核会计处及庶务处一切收支帐[账]目;(二)各讲员均由本会去函致谢;(三)全部讲程五十一种,其中除有二十五种稍为普通常识外,其余讲稿汇刊一册,由某书局发行,并推定陈印庐、孙祖基、陈承荫三君主持编辑。又该会此次共收入听讲员所缴费用,计一千二百余元,支出之数,达一千七百余元,不敷之数,已由该会设法募抵。而该会会所及学员宿舍系假用上海大学,两月赁金约须二千余元,系由上大捐助,尤为难得云。

1924年9月2日第三张第十一版

三大学消息并纪·上海大学

该校英国文学系学生林振镛君,已由该系主任何世桢博士保送考入本埠东吴大学法科本科一年级肄业。又学生叶为耽君,定今晚乘格灵总统号邮轮赴美入波多茵大学肄业。

1924年9月3日第三张第十一版

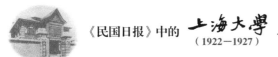

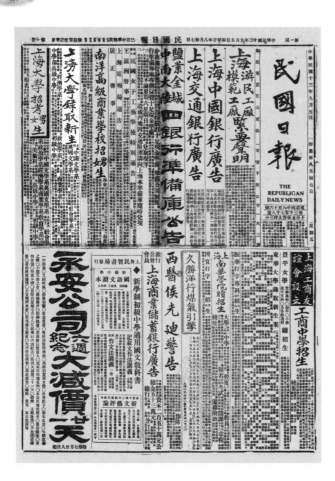

上海大学录取新生

文艺院：中国文学系一年级（正式生）袁耘雪、冯润章、王景裕、施咏鳌、程维葵、徐宝林、廖若平、葵英、陈唯光，（特别生）王士奇、谢纯、冯荫庭；英国文学系一年级（正式生）吴祥曼、王淑淘、叶雄民。

社会科学院：社会学系一年级（正式生）熊世齐、叶绍鄹、马汝良、秦枎懋、秦梗懋、章香墀、蒙华、黄文、王秀清、袁光辉、王启勋、李宗唐、刘廷英、李希龙、陶光朝，（试读生）王文明、梅东阳、彭龙伯、薛卓江、程希源、赖国航、谭涤宇、孙羲澄、刘治清、王恒萃、郑则龙、王伯阳、续联捷、李咏、殷尚宪；经济学系一年级（正式生）刘昭藜、武思茂、刘孟书、李炳祥，（试读生）萧韶；政治学系一年级（正式生）尹敦哲；商业学系一年级（正式生）危鼎铭；（试读生）周璆。

英算高等补习班：（正式生）王灿芝。

中学部：高级中学三年级（正式生）杨硕彝、陈淑德、刘家聚、何子培、施咏乐，（试读生）李铭新、柴兴夹；初级中学二年级（正式生）李锦容、张芝培、桂曼殊、马廷忠；一年级（试读生）陈世禄、韦本良。

上列诸生务于九月二十开学前，至学务处理清入学手续，切勿自误。

1924年9月5日第一张第一版

《民国日报》中的 上海大学（1922—1927）

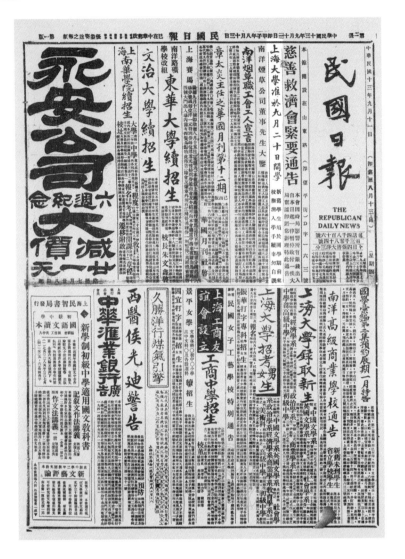

上海大学准于九月二十日开学

新旧学生须于开学期前来校办清入学手续，幸勿自误。

1924年9月11日第一张第一版

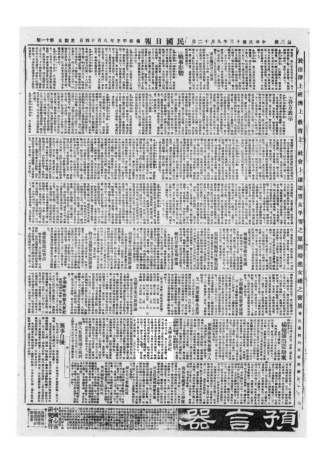

三大学消息并纪·上大中学部

现因江浙战事,战内区及沪上公私立各校多受其影响,以致莘莘学子欲学无地。上海大学中学部为顾念此项学生起见,特规定变通办法。凡曾在公私立各中学肄业而愿转学该校者,只须将修业证书或各科成绩证明书呈验,经该校认可,便可免考收录。一般求学若渴之学生闻之极为欣幸云。

1924年9月12日第三张第十一版

《民国日报》中的 上海大学（1922—1927）

上海大学中学部通告

本校鉴于干戈遍地，公私立各学校都因而不能开学，兹为顾念莘莘学子学业起见，特准凡有学校转学证、修业证或成绩书者，经本校认可，得免入学试验，按程度插入本部高初中班各级。特此通告。

1924年9月13日第一张第一版

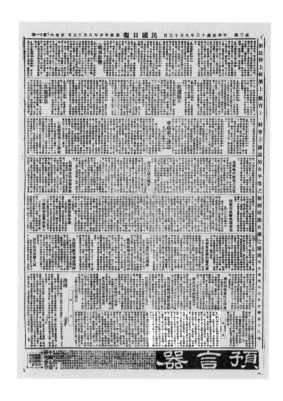

上海大学西北省区学生李秉乾等来函

主笔先生大鉴：贵报昨登旅沪豫晋秦陇四省协会通电四则，披览之余，殊觉诧异。当此举国讨贼之际，吾人唯有团结国民，一致作国民革命，根本推翻军阀制度，而彼等则乞怜于反革命之督军师长、旅长、镇守使等，况此辈军阀方忠直系，尚在打倒之列，求贼攻贼，何竟愚蠢？苟非别有用心，何致如斯失体。如彼等所谓"辛亥元勋"之嵩匪刘镇华，今已通电讨浙，如此献媚直系，又安能功过"淮阴佐汉，汾阳兴唐"哉？而所谓四省协会者，以上海大学西北学生之多，且肄业有三年之久，何竟寂然无闻耶？假名发电，违逆群情，显属奸顽，非我族类，贵报主持大义，责望心殷，愿乞篇余，赐之更正，毋任感祷。上海大学西北省区学生李秉乾、冯文彦、武思茂、康屏周、关中哲、范文道、焦启恺、何尚志三十余人同上，九月十二号于上大。

1924年9月13日第三张第十一版

《民国日报》中的 上海大学 (1922—1927)

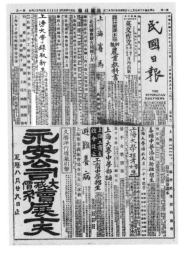

上海大学录取新生

文艺院：中国文学系一年级（正式生）姚成之、韦杰三、冯汝骥、方卓、左天锡、胡家瑾、吴磐、汪吉信、黄造、林知让，（试读生）林葆楚、高岱、吕南宫；二年级（特别生）陈尚友、裴仲襄。英国文学系一年级（正式生）高光寅，（特别生）陈和禄；二年级（特别生）黄闻定。

社会科学院：社会学系二年级（特别生）欧阳继修、王维骐、高尔柏、窦勤伯、余泽鸿、吴铮；一年级（正式生）黄仁、李膺、王国钧、张以民，（特别生）叶文龙、孟昭谦、韩翰光、罗文淹。商业学系一年级（正式生）曾心斋、娄之明、梁郁华。政治学系一年级（正式生）李朝梁。

英数高等补习科：一年级（正式生）李鸿澍。

中学部：高中班一年级（正式生）冯劭清、陆望之、邓惠文，（特别生）张逸；二年级（正式生）刘文钻，（特别生）卢鹏、余禹文。初中班一年级（正式生）沈度、曹文楠，（特别生）马湘蘅；二年级（正式生）邓学文，（特别生）吴雄基。

上列诸生务速来校清理入学手续，切勿自误。

1924 年 9 月 20 日第一张第一版

上海大学开课通告

本校准于九月廿九日正式开课,特此通告。

1924年9月25日第一张第一版

上大筹备二周纪念

本月二十三日,为上海大学二周纪念。昨由该校学生自动召集全体大会,讨论筹储游艺事项,并推举刘一清为筹备主席,杨之华、许侠夫为交际委员,郑杰、林克勋为文牍,林鲁、陶同杰为书记,杨若海、张梦旦为庶务,王秋心、王杰三、江华、佟宝璋为游艺委员。

1924年10月7日第二张第五版

雙十節天后宮之慘劇
▲上大黃仁君已因傷斃命

本埠各界人士、鑒於國事日益紛擾、曾發起國民大會、於雙十節午後二時在北河南路天后宮舉露大會、討論救國方針、不料為一般反對救國者擾亂會場秩序、時有糾察員洪野鶴郭伯和林鈞王秋心等（上海大學學生代表）見勢不佳、卽向前阻止、無如因勢不敵、反被毆傷、衆勢洶洶、黑白不分、存場之便衣警察四人、亦無法制止、同時台上有學生總會代表郭壽華君演說打倒帝國主義、打倒軍閥、有刺花篤衆人、上台將郭君扭倒、其他代表如李逸沈尙平鄒稻薪石玉伯（學生總會）黃仁（上大學生）君等亦次第被毆、黃仁當卽被倒於地不省人事、在場之便衣警察初將受傷之各代表拘留、棪調査清楚、始將受傷之各代表護送出塲、一場大會、遂從此紛散、受傷者除黃仁林鈞二君送住醫院醫治外（恐有性命之虞）餘均囘家各自醫治、下文如何、容訪再誌

本報昨晚得消息、黃仁君已在寶隆醫院身故、

又上海大學同學發出通電云、廣州天津武漢各學生聯合會鑒、會代表郭壽華沈尚平李逸及敝役同學黃仁林鈞郭伯和劉稻心黃培垣何乘霖等於國慶日在上海國民大會中反對軍閥帝國主義之演說、覺大遭帝國主義及軍閥之走狗所忌、強橫攔阻其演說、復喝令被其所收買之刺花流氓多人向郭等痛加毆擊、現郭君等均受重傷、且敝校黃仁林鈞尤有性命危險、同人等為此正在集議對付之方法、望貴會速起為一致向帝國主義者與軍閥作戰之準備、上海大學學生眞、

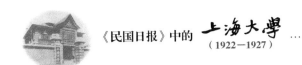

双十节天后宫之惨剧·上大黄仁君已因伤毙命

本埠各界人士，鉴于国事日益纷扰，曾发起国民大会，于双十节午后二时在北河南路天后宫举行露天大会，讨论救国方针。不料为一般反对救国者扰乱会场秩序，时有纠察员洪野鹤、郭伯和、林钧、王秋心等（上海大学学生代表）见势不佳，即向前阻止，无如因势不敌，反被殴伤。众势汹汹，黑白不分，在场之便衣警察四人，亦无法制止。同时台上有学生总会代表郭寿华君因演说打倒帝国主义与打倒军阀，有刺花党数人，上台将郭君扭倒。其他代表如李逸、沈尚平、刘稻薪、石玉伯（学生总会）、黄仁（上大学生）君等亦次第被殴，黄仁当即被倒于地不省人事。在场之便衣警，初将受伤之各代表拘留。后调查清楚，始将受伤之各代表护送出场。一场大会，遂从此纷散，受伤者除黄仁、林钧二君送往医院医治外（恐有性命之虞），余均回家各自医治。下文如何，容访再志。

本报昨晚得消息，黄仁君已在宝隆医院身故。

又上海大学学生发出通电云：

广州、天津、武汉各学生联合会鉴：贵会代表郭寿华、沈尚平、李逸及敝校同学黄仁、林钧、郭伯和、刘稻心〔薪〕、黄培垣、何秉彝等于国庆日在上海国民大会中为反对军阀、帝国主义者之演说，竟大遭帝国主义及军阀之走狗所忌，强横拦阻其演说，复喝令被其所收买之刺花流氓多人向郭君等痛加殴击。现郭君等均受重伤，且敝校黄仁、林钧尤有性命危险。同人等为此正在集议对付之方法，望贵会速起为一致向帝国主义者与军阀作战之准备。上海大学学生真。

1924 年 10 月 12 日第二张第五版

 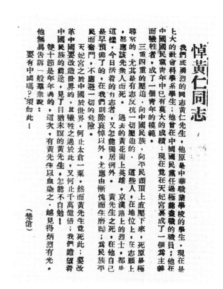

悼黄仁同志

我们底勇烈的同志黄仁先生,他原是中华职业学校的学生,现在是上大的社会科学系学生;他曾在中国国民党任过极能尽职的职员;他在中国国民党青年中已有莫大的成绩;现在竟在天妃宫里成了一个为主义而牺牲者,成了一个青年的模范。

三重四重的压迫,向中国民族,向平民头顶上直压下来,死原是极寻常的,尤其是有志反抗一切压迫的,这些人,在地位上,在志愿上,都应该先众人而死,过去的黄花岗上英雄,京汉路上的烈士,都是这样。今日活着的有志者,又怎能独居例外?黄先生之死,在他自己是早预备了的,在我们则除哀悼以外,尤应由惭愧而生磨砺;为民族平民而奋斗,不应避一切的危险。

天妃宫之于中国于世界,何止太仓一粟。然而黄先生竟死此,要改革中国要改造世界的,其牺牲之过于此,又何止千万亿倍,我们瞻望着中国民族的前途,见了目犹未瞑的黄先生,怎能不自勉!

双十节是年年过的,这次,有黄先生以血染之,越见得炳烈有光,他无异告诉一般群众说:

要有中国吗?须如此!(楚伧)

1924 年 10 月 13 日第一张第一版

《民国日报》中的 上海大学 (1922—1927)

上海大学学生横被帝国主义与军阀走狗的摧残通电

吾国各阶级被压迫的同胞们！我们处在今日的反动的政治局面之下，我们实在不能不在政治上经济上文化上之侵略，今日之事危害有加，不过今日之帝国主义者与军阀相勾结，剥榨我们，倍蓰于昔，他们因为要恢复大会代表之职权，便永沦胥于列强殖民地之场与军阀宰制之肉俎中之米也。况我国民，自蒿有于死，安心受其所谓国民大会之性质实为反帝国主义与军阀者，又揭其国体鬼蜮之奸谋，只有着一路爱国热忱，以与帝国主义之走狗军阀战到底。凡属国民，自宜有一种警惕之表示以祝今年国庆十三周年之纪念日。上海本埠各数团体均于当日大会之发起，并于本月北河南路天后宫举行国庆纪念之同胞者；当日之事，我们实有不可不可为胜，且为痛苦，若再因循叹息而不一努力，今已迫而预言国民以后之前途而惨败败矣。本月十日为吾国民十三周国庆之纪念日，我全中国国内一切军阀为目标。盖不如此，则我们的四万万同胞，便永沦胥于列强殖民地之场与军阀宰制之肉俎中之米也。况我国学生，又本着一路爱国热忱，为良心上之主张，以反对一切军阀及帝国主义之走狗，当我们同学演说之过程中，便赢得鼓掌之声。台上忽来一二恶势力之走狗，使我们不得不痛哭流涕以告各阶级之同胞者；当时之事，我们实有不可不可为胜，且为痛苦⋯⋯同学演说之过程中，便赢得鼓掌之声。台上忽来一二恶势力之走狗⋯⋯

忽怒！大肆摧残，种种狂妄行为，我们实不可不布告于国人者也。据闻本埠各数团体均于当日北河南路天后宫举行国庆纪念之同学，上台实行讲演之同学，并未竟其所讲，国民大会之性质实为反帝国主义与军阀者，又揭其国体鬼蜮之奸谋，只有着一路爱国热忱，为良心上之主张，以反对一切军阀及帝国主义之走狗，当我们同学演说之过程中，便赢得鼓掌之声。台上忽来一二恶势力之走狗高呼『扰乱会场』之罪名。台下大队短衣剌花之流氓，闻声哗扰，一齐拥向前，其指挥我们学生施以惨酷之殴打，则我们的口号，是反对一切军阀及帝国主义之走狗，以赞成国民大会之根据何在，变成何罪过也。者以反革命行动，而从中禁止演说则我们学生又何辜也。所言既无由呢！同时有同学黄仁等诸同学，上台质问大会主席及该会全职员等，以『扰乱会场』之罪名，反同实行殴打、硬冒实行，登台的计重璋和⋯⋯恃强蛮横⋯⋯同学郭君荼华⋯⋯『我们⋯⋯』话犹未了⋯⋯该有计画谋璋和同学郭君正欲质问之际，登台后又复推铐阻拦，拉下演台，一齐剌花数人狂殴郭君，又加同学黄仁等以拳足，后又擒住上手臂挟数人狂殴郭君荼华及同学黄君等以他们人数众多，预有股伏为共同捣乱会场，及同挑衅开战之计，因此招致帝国主义与军阀人民的生活状况，为毁灭国内战争罪恶不幸，现正出此而切唤醒群众之表示？可吾国何况今年国内战争殷繁，为人民的生活状况，为毁灭国内战争罪恶

上海大学学生横被帝国主义与军阀走狗的摧残通电

全国各阶级被压迫的同胞们！我们处在今日的反动的政治局面之下，帝国主义者与军阀两相勾结，剥削我们，压榨我们，又以种种危害加及我们，本来是没有什么公理与正义可言，不过今日之事，我们实有不能不为我全国被压迫各阶级同胞告者：昔之帝国主义者与军阀在政治上、经济上与文化上之侵略，今则进而为买通流氓败类以及一切之反革命势力为我们言论上行动上之侵害了；昔之向暗中预设种种方法加害我们，今已更进而明目张胆的殴打我们了。本月十日，为我国十三周国庆的纪念日，凡属国民，自应有一种警惕之表示，何况今年国内战争纷繁，帝国主义与军阀构成绝大内乱，我全中国人民的生活状态，均呈艰险困窘的现象，我们又怎能不有更警惕、更迫切唤醒群众之表示？可是我们不幸，正因此而招帝国主义与军阀之忌怒，大肆摧残，种种狂妄行为，我们实不可以胜数，现只略就一二事实，为痛切之告诉。披阅本埠各报章，上海各团体曾有国民大会之发起。并于本日假北河南路天后宫为举行国庆纪念之场所。当时我们学生，未曾究其所谓国民大会之性质如何，又未烛其种种鬼蜮之奸谋，只本着一腔爱国热忱,为良心上之主张,以打倒外国帝国主义与国内一切军阀为目标。盖不如此,我们的中华民国,便永沦胥于列强半殖民之地与军阀宰制之下;我们的四万万同胞,便永为帝国主义者与军阀俎上之肉、舂中之米了!当我们同学黄仁在会场之下为赞成反帝国主义及军阀之演说而鼓掌之时,台上主席喻育之便喝令禁止,加以"扰乱会场"之罪名。台下大队短衣刺花之流氓,闻声响应,一呼百诺,蜂拥而前,向洪、何、王、王、刘、黄诸同学施以惨酷之打击,同时并以"这是齐燮元的奸细"之口号诬害我反对军阀之诸同学。后有同学林钧、刘稻心〔薪〕两君上前排解,亦遭破皮流血之殴打。我们实在不解其所指为齐燮元之奸细的证据何在?所指我们为扰乱秩序之理由何出?如认我们为袒护齐燮元,则我们的口号,是反对一切军阀,齐燮元何能逃出军阀之外?若以赞成反帝国主义与军阀之演说而鼓掌为扰乱秩序,则不啻禁止我们民意之表示,与一切会场中鼓掌之通例。总之欲加之罪,何患无词?他们既甘为帝国主义者与军阀之走狗,而为反革命行动,其谋害我们又何患无由呢!同时有同学黄仁等认他们此举,实属侮辱我们学生人格,上台质问主席及该会职员等,他们不但不稍自认错,反同声以恶言相向,硬骂我们为捣乱,情势汹汹。当时恰有全国学生联合会总代表郭君寿华,登台演说:"我们应当推翻一切军阀一切帝国主……"话犹未了,议会会计童理璋即上前将郭君拦阻,扯下演台,不准再行发言。郭君正欲质问之时,台后又拥上手臂刺花数人猛向郭君击打,又加我同学黄仁等以拳足,指为共同捣乱会场,郭君寿华及同学黄君等,以他们人数众多,预有设伏,举动野蛮,不可理喻,意欲略避。不意若辈狠毒,猛将黄仁、郭寿华等一推,竟自高逾七尺之台跌至台下硬石上面,一时怆痛之声,惨不忍闻。黄君仁,跌伤腰部,呕吐交作,一时昏迷不省人事。郭君寿华,挨打之后,又复加以跌伤背、肩等处。时台下之刺花流氓,又复加以殴打,犹以为跌伤之不足,必欲置之死地而后已。正当殴打之际,突来警察数人,竟将受伤同学带至一小房之内,严行关锁,而对于逞凶之刺花流氓等,则从容任其走散,不加捉获,揆之法理,岂得谓平?后经同学向警察诘问,彼则一味支吾,置之不理,诸同学以为警察既不负责,万不可任黄、林受伤诸同学卧以待毙,乃由同学多人将受伤最重之黄、林二君,拥抱出门,转赴同仁医院救治。该医院的〔以〕黄、林两君受伤过重,不肯容纳,不得已，复转送宝隆医院，其余受伤较轻之诸同学，自此只有带伤回校，忍痛自受！唉唉！我最亲爱的同胞们！我们今日所受帝国主义者与军阀走狗之摧残侮辱，我们并不认是我们的失败，也不自引为我们的羞耻，更不目他们的手段为惨酷苛刻。因为这些完全是我们在革命未成功以前应经过的阶段，无论何等牺牲，我们都不怕的。我们自今日以后，更明确、更坚决与一切反革命势力作战之观念与意志！同时，我们亦可洞悉昨日所谓国民大会之黑幕的底蕴：

（一）所谓国民大会，完全受少数帝国主义与军阀之走狗的反革命的捣乱。看他们种种行动——禁止反对帝国主义与军阀之传单，禁阻反对帝国主义与军阀之演说等等——便可了然。

（二）他们——帝国主义军阀之走狗——不但买通刺花党之流氓，同时并串通警察。不然，何以我们受伤之同学多被拘拿，而殴伤我们之人未见捉获一个呢？

（三）国民大会之中，不仅为少数军阀与帝国主义者之走狗，且有反对帝国主义与军阀，党纲上和宣言上标得很明白的国民党的党员。然而在会场上指挥最出力的，所谓国民党员，反而阻止爱国演说。唉唉！党的主义如彼，竟还有行动若此的党员，我们实不禁痛心万分！我们只有希望中国唯一受国民爱护的革命党——国民党，赶紧肃清他的内部。

亲爱的同胞们！时机紧迫了！帝国主义者与军阀危害我们，已再不容我们的从容犹豫了！起来！各阶级被压迫的同胞们！

大家联合起来！

打倒剥削压迫我们的帝国主义者！

打倒屠杀鱼肉我们的军阀！

打倒勾结军阀与帝国主义者及一切反革命的势力，不问他名义上混冒什么革命党党员！

一九二四年十月十一日

1924 年 10 月 13 日

《民国日报》中的上海大学（1922—1927）

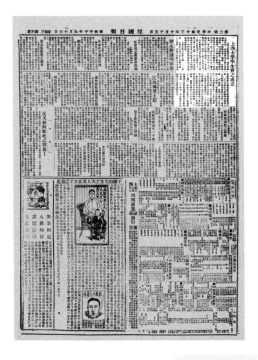

上海大学学生会之成立

上海大学开办以来，对于校务并图学校之发展，尤教国运励为宗旨，而该校学生之热心社会事业、及组织传播外团体、如书报流通处、校刊编辑会、社会问题讨论会等等，尤为国人所赞仰，顷闻该校学生以本校小团体渐多，而对内对外一切，苦于各之分立、无系统与一贯之精神，特于昨日（十二）假设校第二院第七教室、召集全体学生大会、组织「上海大学学生会」，在庄严肃穆之会场中、议决大纲十条（大纲见后）、举出委员十八人、杨之华王秋心刘一清王琅心郭伯和刘剑华李春蕃七君被举为正式执行委员、林钧欧阳继修宾勋伯三君被举为候补委员，上海大学学生会大纲（一）定名 本会定名为上海大学学生会（二）宗旨 本会以谋学生本身利益并图学校之发展为宗旨（三）本会由大会选执行委员七人组织执行委员会执行一切事务，由执行委员互推主席一人总理一切会务互推书记交际各二人施行会务计各一人分任会务（四）职务 本委员一切事务之分配由委员会自行决定（五）会务分配 本委员会自行决定（六）任期 任期为半年（七）会期 每学期开大会一次于每学期始举行之遇必要时委员会得召集临时大会委员会每两星期举行一次遇必要时得由主席召集临时会议（八）会费 会费每学期每人大洋一角（九）权限 开会时本会以大会为最高机关（十）附则 本会闭会后委员会为本会最高机关 本大纲有未妥处得由大会提议修改之

上海大学学生会之成立

上海大学开办以来,对于校务力求完善。而该校学生之热心社会事业,及组织种种小团体,如书报流通社、校刊编辑会、社会问题讨论会等等,尤为国人所赞仰。顷闻该校学生以本校小团体虽多,而对内对外一切,苦于各之分立,无系统与一贯之精神,特于昨日(十三)假该校第二院第七教室,召集全体学生大会,组织"上海大学学生会"。在庄严肃穆之会场中,议决大纲十条(大纲见后),举出委员十人:杨之华、王秋心、刘一清、王环心、郭伯和、刘剑华、李春蕃七君被举为正式执行委员,林钧、欧阳继修、窦勋伯三君被举为候补委员。

上海大学学生会大纲:(一)定名:本会定名为上海大学学生会。(二)宗旨:本会以谋学生本身利益并图学校之发展参与救国运动为宗旨。(三)本会由大会选执行委员七人组织执行委员会执行本会一切事务。(四)职务:由执行委员互推主席一人总理一切会务,互推书记、交际各二人,庶务、会计各一人分任会务。(五)会务分配:本委员一切事务之分配由委员会自行决定。(六)任期:本会委员任期为半年。(七)会期:每学期开大会一次,于每学期开始时举行之,遇必要时委员会得召集临时大会;委员会每两星期举行一次,遇必要时得由主席召集临时会议。(八)会费:会费每学期每人大洋二角。(九)权限:开会时本会以大会为最高机关,大会闭会后委员会为本会最高机关。(十)附则:本大纲有未妥处得由大会提议修改之。

1924年10月15日第二张第六版

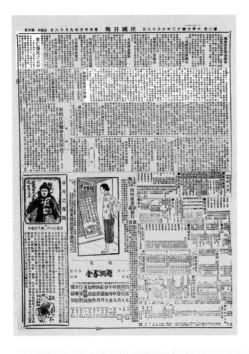

黄仁惨死之哀声

上海大学四川同学会及同乡者仁君惨死联通电云、孕国各学校各法团各报馆各地四川同乡均鉴、前略）国庆纪念日上海各团体在河南路天后宫举行国民大会、讨论救国方针、敕校同学聚於国事日非、

本爱国热忱、以国民资格卷赴该会、初未知有阴根之阴谋也、当开会时、台下同学鼓掌欢迎赞成打倒一切帝国主义和一切军阀之演说、不意该会主席喻育之等竟喝以扰乱会场之罪名、当时有流氓蜂拥而上大同学横施痛击、我同乡郭伯和两君认该主席此举为卖国、身上台、向该主席及该会重要职员童理璋诘问、彼辈才惟不自引答、反同军阀罵黄郭两君为过激、暨童理璋突加阻挡、郭君愈华忽被童理璋突加阻挡、郭君愈华复有全校同学生联合会代表郭暑登台下、我同乡黄郭二君悟将郭登台下、我同乡黄郭二君悟将郭台后忽衝出流氓多人、将郭君擁於一角、正拟重提质问、话犹未了、军阀及、我同乡黄郭二君痛击、时黄郭二君始悉奸谋、势弱无敌、刚欲回避、不料流氓等乘势将黄郭二君迎胸推挚、从十尺高楼倒掷而下、郭君头胸脚三部均受重伤、而黄

君则脑裂心碎、当即昏迷倒地、不省人事、若辈犹欲置之死地而後廿心、复蜂攤上前、横加拳足、惨痛之情离非於胫述、而医察不顾是非、反将黄郭二君拘留、後经同学等恳勇往救、始得释放、郭君由同学护送囘家医治、而黄君则送往日本医院、该院以伤势过重不肯收留、復转入宝隆医院、竟於二十八时内死於院中、黄君生而敏惠、啫学不倦、办事勤慎、本爱国热忱、其妈母娇妻、落落有大志唔哭、黄君以改造社会自己任、不首以家事而忘国、毅然诀别、意来自二载竟横遭惨死、黄君有正义而牺牲、两光荣伟大、同人等痛悟之徐、本爱国热忱、同人等痛悟之徐、本爱国热忱、包办事後、一揭穿此次军阀走狗之目的而後已（二）查明正凶後直接向法庭起诉（三）揭穿此次军阀走狗之国民大事包辫之国民大事官、棉薄、处此魔高万丈险象环生之时、恐难实现理想之目的故特泣血陈词、通电全国、希望志仁人毛张公议、非特同人等感激而已、四川同学会、上海大学

174

黄仁惨死之哀声

上海大学四川同学会为同乡黄仁君惨死事通电云：

全国各学校各法团各报馆各地四川同乡均鉴，（前略）国庆纪念日上海各团体在河南路天后宫举行国民大会，讨论救国方针。敝校同学鉴于国事日非，本爱国热忱，以国民资格参赴该会，初未知有险狠之阴谋也，当开会时，台下同学鼓掌欢迎赞成打倒一切帝国主义和一切军阀之演说，不意该会主席喻育之等竟喝以扰乱会场之罪名，当时即有流氓蜂拥向我上大同学横施痛击，我同乡黄仁、郭伯和两君认该主席此举为狂妄，挺身上台，向该主席及该会重要职员童理璋质问。彼辈不惟不自引咎，反同声詈骂黄、郭两君为过激，是时复有全国学生联合会代表郭寿华君登台演说，甫云我们应该打倒一切军阀及一切帝国主义。话犹未了，忽被童理璋突加阻拦，郭君正欲抗言，台后忽冲出流氓多人，将郭君推掷台下。我同乡黄、郭二君悲愤填膺，正拟重提质问，话未出唇，而流氓复转向黄、郭二君痛击，时黄、郭二君始悉奸谋，势难与敌，刚欲回避，不料流氓等竟乘势将黄、郭二君迎胸推击，从十尺高楼倒掷而下矣。郭君头胸脚三部均受重伤，而黄君则脑裂心碎，当即昏迷倒地，不省人事。若辈犹欲置之死地而后甘心，复蜂拥上前，横加拳足，惨痛之情难于罄述，而警察不顾是非，反将黄、郭二君拘留。后经同学等愤勇往救，始得释放。郭君由同学护送回家医治，而黄君则送往日本医院，该院以伤势过重不肯收留，复转入宝隆医院，竟于二十八时内死于院中。呜呼惨矣！黄君生而敏慧，嗜学不倦，办事勤慎，落落有大志。当其离家赴沪，其孀母弱妻牵衣啼哭，黄君以改造社会为己任，不肯以家事而忘国，毅然诀别。孰意来申二载，竟横遭惨死，黄君为正义而牺牲，固光荣伟大，第祸首尚逍遥法外，泉下之灵岂能瞑目。同人等痛惜之余，本爱国爱乡热忱，愤起而为黄君诉冤，誓达下列目的而后已：（一）查明正凶后直接向法庭起诉；（二）揭穿此次军阀走狗包办之国民大会黑幕；（三）为黄君筹划一切善后事宜。□同人等材□棉［绵］薄，处此魔高万丈险象环生之时恐难实现理想目的，故特泣血陈词，通电全国，希望志士仁人主张公正，一致声援。俾黄君含冤得伸，非特同人等感激而已。上海大学四川同学会

1924 年 10 月 16 日第二张第六版

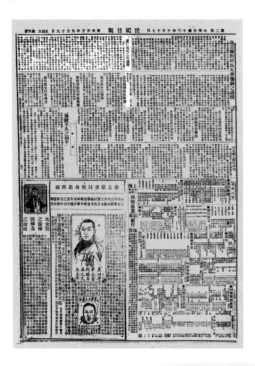

黄仁惨死之抗议声

上海大学学生黄仁惨死事，二大伟云，在健十节国民大会中为反对帝国主义与军阀之老狗殴打而受之黄仁同志，已于本月十二日早晨二时十七分在宝隆医院死了。据云黄君横被殴打之后，即已丧失知觉，及送院，始渐甦醒，而鼻出黄水、呕血溺血，为状奇惨，决诸院医生整救，至十一日晚尚十时，黄君伤及脑部，脉搏转弱，十二时痰喘甚急，延及二时十七分即已气绝。昨明晓见黄君尸解惨经德国医生之剖解，黄君身体健壮，德国医生谓："咽喉骨已破、腰骨损坏、内脏之伤不计其数"云。惨死于拳匪之下，我全国同胞呼此忠勇义愤之志士，岂非帝国主义者与军阀之老狗决一死战，正筹国人民之同胞，尤须知黄君之死乃为全国人民而死者之一人，民与贼不两立，我国胞须速联合起来，向帝国主义与军阀下猛烈之总攻击，上海大学学生会启。

非帝国主义推倒一切军阀、黄君之死、曾为反对帝国主义而死、为鉴战而死、为谋我全人民之利益而死、我们对于黄仁义士此等伟大之牺牲精神和坚强作战之意志、当表示何等敬慕之意、我们睹此种暴厉恣睢、残害青年之军阀、又当激发何等仇敌之情、黄君籍四川、遗有弱妻幼女、家境小康、今远离故乡、奔走国事、作此牺牲、依当黄将军以自尽其生、仁义与帝国主义者与军阀之老狗决一死战、我爱我同胞之黄君个人之死、乃先全国人民而死者之一人、民与贼不两立、我国胞须速联合起来、向帝国主义与军阀下猛烈之总攻击、上海大学学生会启、吾人须知黄君为国民党之革命口号"反

黄仁惨死之抗议声

上海大学学生为黄仁惨死事二次通电云：

在双十节国民大会中为赞成"反对帝国主义与军阀"之演说而受帝国主义者与军阀之走狗殴打最毒之黄仁同志，已于本月十二日早晨二时十七分在宝隆医院死了。当黄仁君横被殴打之后，即已丧失知觉，及送医院，始渐苏醒，而鼻出黄水，呕饭溺血，为状奇惨。据该院医生声称，黄君伤及脑部，决难见效，至十一日晚间十时，脸色骤变，脉搏转弱，十二时痰喘甚急，延及二时十七分即已气绝。昨日黄君尸体经德国医生之剖解，证明确系因伤毙命，且谓"头盖骨已破，脑质损坏，内脏之伤不计其数"云云。呜呼，似此忠勇义愤之志士，竟惨死于群小拳足之下。我全国同胞，须知黄君为国民党之青年党员，吾人须知国民党之革命口号为"反对帝国主义，推倒一切军阀"。黄君之死，实为反对帝国主义而死，为反对军阀而死，为党义而死，为谋我全人民之利益而死。我们对于黄仁义士此等伟大之牺牲精神和坚强作战之意志，当表示何等敬慕之意，对于压迫残害我们种种暴戾恣睢之行动的帝国主义者与军阀，又当奋发何等同仇敌忾之情。黄君籍四川，家贫，依之为生者有寡母弱妻幼妹小女。今远离故乡，惨遭奇祸，家属将何以自全其生，同人等现正筹谋黄君一切善后，一方集全力与帝国主义者与军阀走狗决一死战。我亲爱之同胞，尤须知黄君之死，非黄君个人之死，乃先全国人民而死者之一人。民与贼不两立，望我同胞从速联合起来，向帝国主义与军阀下猛烈之总攻击。

上海大学学生会删

1924 年 10 月 17 日第二张第六版

黄仁追悼会预志

上海大学四川同乡会通启云：本会日昨（十七日）会同各团体在本校开二次会议，决定于本月念六日（星期日）为同乡黄仁君开追悼大会（会址临时再告），凡我同乡暨与黄君有旧诸君，务希届期厚赐悼仪（交本校本会经收）为荷。

又四川富顺旅沪学会昨有通电，述黄君作革命先锋，为中华民族独立运动而牺牲，死固无憾，而老母寡妻，幼妹孤女，谁为安养抚育，故不得不泣血陈词，求援于各界人士，并非将黄君之冤昭雪不止。

1924年10月20日第二张第五版

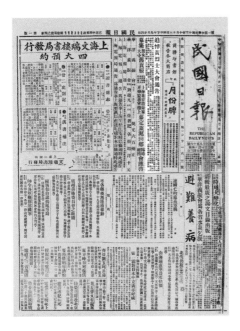

追悼黄烈士大会通告

敬启者：敝团体等于昨日在上海大学开追悼黄烈士筹备会，金谓黄烈士之惨死，纯出爱国热忱，若不举行追悼大会，何以励后进而慰英魂？故议决于本月二十六日（星期日）下午一时在西摩路上海大学第二院开会追悼，凡我同情于黄烈士诸君及烈士亲友若赐挽联、挽文，务请于追悼会前一日内寄交上海大学追悼黄烈士筹备会办事处为荷。

中国国民党上海市第一区党部、第二区党部、第五区党部、第九区党部、第四区党部第四区分部、反帝国主义大同盟、非基督教同盟、上海店员联合会、上海市民协会、淞沪机械职工同志会、金银工人互助会、机械工人俱乐部、劳工青年会、青年救国团、沪西工人俱乐部、杨树浦工人进德会、杨树浦平校校友会、青年学社、申江学社、浙江旅沪工会、全国学生总会、上大学生会、上大教职员援助被难学生会、上大四川同乡会、上海大学同启

1924年10月22日第一张第一版

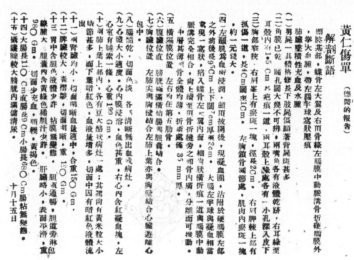

黄仁伤单（德医的报告）

解剖断语

头腔基部，蝶骨左大翼及右顶骨缘左脑膜中动脉沟骨折硬脑膜外，拳大血肿，带左脑半球窝状压痕；肺脏坠积性充血及水肿。

（一）男尸一具，体格修长，下肢尸僵显著背尸斑甚多。

（二）角膜已干，瞳孔阔大几不可辨，两嘴角各有液体干迹，右耳缘至耳壳内有 1.5cm 长疤痕一道，两耳壳上缘处各有一小孔深入皮下。

（三）胸部窄狭，右肩峰上有淤斑一块，径长 2cm，右肩胛棘上部有抓伤一道，长 4cm，阔至 1cm。左胸锁骨关节处，肌肉内瘀斑一块，约一元钱大。

（四）左颞肌为血所浸润，颅顶披开后，现凝血团，沾附于硬脑膜左部之外，前后长 9.5cm，上下阔 7cm，厚至 3cm。大脑左半球与凝血相当处现一窝状，陷入蝶骨左□翼内面，细齿状横折痕一道与脑膜中动脉沟完全相合，尚□续至顶骨折缝旁之头骨内肤，分离而可推动。中层甚薄，头骨全体均薄，折断处仅 35mm 厚。

（五）横隔膜位置，左右均在第五肋骨。

（六）腹脏位直［置］，膀胱极满，横结肠与胆囊结合。

（七）胸脏位置，左肺尖与胸壁结合，左肺上叶亦与胸壁结合，心脏游离心包中。

（八）脑髓干，切面色淡，各□清晰无出血或病灶。

（九）心脏大小适度。心内膜浸溶，血色甚重，右心内含红凝血块，左心室有腱索一条，心重 199Gm。

（十）两肺上叶上部内，各有豆大酪状病灶一处，其间尚有黄米粒大小结节甚多，而下叶暗红色，血液量增多，切面中因有暗红色液体流出。

（十一）两肾脏均小，切面明晰，血量适中，合重 150Gm。

（十二）脾脏较大，囊折皱，切面明晰，重 120Gm。

（十三）胃中含胆色液体少许，粘［黏］膜无变态；胆道通畅，胆道旁淋包线肿大，胆囊内含黄绿色稀胆汁少许；肝脏略小，表面平滑，重 980Gm，切面少充血，颇软，黄褐色。

（十四）大肠长 110cm，直肠长 9cm，小肠长 680cm，肠粘［黏］无变态。

（十五）摄护腺较大，膀胱内满储清尿。

十月十五日
1924 年 10 月 27 日

黄仁烈士追悼会纪事

　　本埠三十余团体所发起双十节国民大会惨遭被难之青年黄仁烈士追悼大会,昨日下午一时在西摩路举行。到会人数极众,会场布置秩序井然,挽联诔词不下三四百幅。陈望道主席,开会秩序如下:一振铃开会;二主席报告;三向烈士遗像行敬礼;四上大四川同乡会致诔文;五烈士同乡何秉彝君报告烈士历史及事略;六沈玄庐、刘含初、瞿秋白、恽代英诸君及烈士同乡同学暨各公团代表演说;七烈士家属代表致谢辞;八唱追悼歌;九摄影;十闭会。直至四时余始散。会场演说极悲壮激昂之至,闻者色动焉。闻该追悼会筹备会现正进行抚恤烈士家属事务云。

1924 年 10 月 28 日第二张第五版

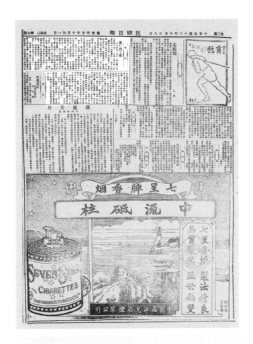

黄仁烈士传

烈士姓黄，名仁，字人觉，蜀之富顺人也。父某，业木商，往来荆蜀间，颇获赢焉。庚子之役，满庭既弛商禁，外资侵入，抚我国商业之背而扼其吭。

美人挟其山林之富，续续运其材，售诸我国，川滇之产不能东。烈士父既受外资剥蚀，亏折浸多，竟忧郁死。烈士时仅六龄，幸有贤母，纪纲家政，不致废读。烈士有一妹，门庭清凳，母子三人，相依为命，不忍朝夕离也。"五四"运动，烈士渐感受新思潮，请于母，入本邑高小，继入县中学，皆不当意。弃去，之成都。肄业叙州旅省中学。时烈士年十八，奉母命与舅父女毛淑芳女士结婚。新妇稍能安母意；遂决计远游。母不忍重拂爱子意，舍泪许之。而从此乌树庭前，春晖寸草；晚妆楼畔，弱柳千条。烈士家庭之清寂，更不堪问也。烈士内痛我国实业之不振，思锐革之。抵江宁，首入甲种工业；再转入上海中华职业学校。所习科目，皆出人头地。客居既久，每感生活之无聊。遇二三故旧，辄抵掌纵谈，忿疾，则拍案大呼曰："男儿生也不成名。"则当拼此大好头颅与民贼为孤注一掷耳，胡为戚戚终日，若待决之囚耶？言时声泪俱下。闻者或识其狂，而不知烈士之心苦也。

今年夏，沪上学人，有夏令讲学大会之组织，烈士以国民党党人资格与焉，由此益熟知中国现代政治及经济之真像〔相〕，豁悟曩之徒欲振兴工业之偏见为非是。毅然舍去所学，入上海大学社会学系。方思有所建树，而不幸之天后宫惨剧演也。先是烈士见各报载有所谓"国民大会"之广告，即欲一往，观其究竟，初不料其中有种种鬼域〔蜮〕之黑幕也。是日予与烈士并肩立人丛中，昂首视台上讲者，须动吻张，手摇足摆，殆类儿戏：顾心薄其僞而未注听矣。继忽闻台上呼"打"声；场内碰击声，高呼"打倒帝国主义，打倒军阀"声，台下呼"打死"。观者鸟兽奔，不可遏止。予与烈士方骇诧间，有友人告云"同学林钧被殴"，烈士愤甚，偕予登台，拟质问该会主席，因此亦被殴，予二人先后自高欲十尺之台跌下。既晕，被拖入一小室，则先有十有余人，黄烈士其一也。□予血流满面，跌一足，状至狼狈。烈士横卧一敝榻上，呕不止，见予，悲咽不能声，予等幸为同学保护出险，归而困顿状褥。次日烈士之讣闻至也。吁痛哉。

伯和曰："烈士成仁太早，其所树立，似无大过人者。然有识者而幸察其微焉，必当有所警惕也。"

（转录上大四川同学会追悼黄烈士特刊）

1924年10月28日第二张第七版

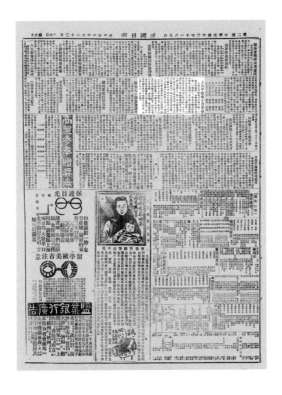

上大平校祝十月革命

上海大学附设之平民学校,上期颇形发达。本学期照章改组委员会,继续办理。前由全体教职员公推杨之华、刘一清、王秋心、李秉祥、薛卓江、朱义权、林钧、王杰三为委员,由委员推定林钧为平校主任,王杰三为教务主任,李秉祥为总务主任,王秋心为会计,刘一清、朱义权为书记,薛卓江、杨之华为庶务。后以王杰三因事返乡,改推王华芬为教务主任。开学以来,学生已达四百六十余人,大都为十四岁以上之工人,分高中初三级、每级分甲乙二组教授。前日为苏俄十月革命纪念,特于下午七时开庆祝会,到者有五六百人。主任林钧报告开会宗旨,继由王华芬、李春蕃、刘一清演说,并请蒋光赤先生演讲俄国革命后之情状。末呼中国国民革命、俄国十月革命、世界劳动革命万岁而散。

1924年11月9日第二张第六版

《民国日报》中的上海大学（1922—1927）

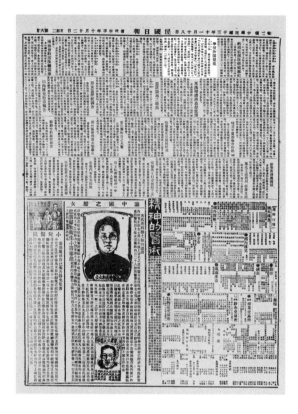

学校新闻汇集·上海大学

该校学生所组团体，益形发达，宣传文化有"书报流通社"，研究学术有"社会科学研究会""三民主义研究会""湖波文艺研究会""春风文学会""孤星社"及其他种种，增进平民知识有"平民夜校"。近该校一部分学生又有演说练习会之组织，从事语言练习。日前开会讨论简章，选举职员，闻方卓君被选为总干事，王环心书记，袁耘雪会计，陈铁庵交际，陈德圻庶务，四君被选为干事。开会为每星期举行一次，练习之方式系采"演说""辩论""讨论"三种。

1924 年 11 月 18 日第二张第六版

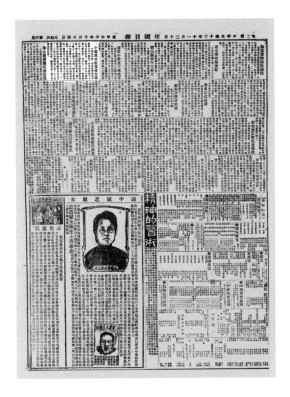

中国孤星社常会记事

中国孤星社,系研究学术改造社会之青年团体,公推吴稚晖、于右任为名誉社长,请沪上各大学教授为名誉社员,成立已一年,社员达百余人。前日该社本埠社员假西摩路上海大学开上海社员常会,到三十余人,安剑平主席。报告社务毕,即改选职员、干部。行政委员长安剑平,委员张庆孚、糜文浩、马凌山、蒋抱一、施锡其、王耘庄、吴希璘、孔庆波、严朴、薛成章、严保滋。议决案件:(一)孤星旬报社会评论字艺评照常出版;(二)举行音乐跳舞大会;(三)组织筹款委员会,筹募基金,举王启周为委员长。

1924 年 11 月 20 日第二张第六版

《民国日报》中的 上海大学（1922—1927）

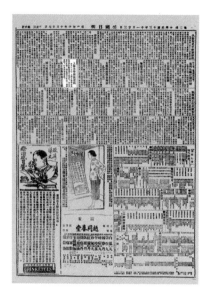

上海大学校旗送回

本月十七日，上海大学学生赴莫利爱路欢迎孙中山先生，途中曾为法巡捕将该校校旗取去。后经交涉，已由法捕房送回。

1924 年 11 月 23 日

第二张第六版

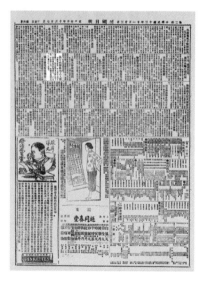

孤星社对时局之主张

中国孤星社，昨上孙中山先生意见书一，对于时局共主张三项：（一）惩办曹锟及贿选议员；（二）迁都，至迁都何地，由国民会议公决；（三）实行兵工政策。

1924 年 11 月 23 日第二张第六版

各公团赞成中山先生之政见

全国学生联合会等六十二团体,对于中国国民党最近发表对时局之宣言表示赞助,昨特通电如下:

《民国日报》中的 上海大学 (1922—1927)

（衔略）伏读中国国民党对于时局之宣言，与该党总理孙中山先生对于新闻记者发表之政见，洞悉中国十三年来祸乱之症结，并明示今后谋国之方针，在造成独立自由之国家，以拥护国家及民众之利益为归宿。举其大者，如对外则取销［消］一切不平等之条约及特权，变更内外债之性质，使列强不能利用此外债，以致中国坐困于半殖民地之地位，对内则划定中央与省之权限，使国家统一与省自治，各遂其发达而不相妨碍。同时确定县为自治之单位，以深殖民权之基础，且当以全力保障人民之自治，辅助农工实业团体之发达，谋经济教育状况之改善，又反复声明十三年来帝国主义与军阀勾结以为其进行之障碍，遂使此等关系民国存亡国民生死之荦荦大端，无由实现。末复诉诸国民之公意，要求国民之自决，主张召集全国国民会议，解决国是。本公团筹备会循诵再四，认此主张确为救济中国之良药，希全国各公团一致赞助，中国幸甚。

中华民国学生联合会总会、上海粤侨工界联合会、旅沪广东自治会、女子参政协会、天潼福德二路商界联合会、吴淞路商界联合会、嘉兴路商界联合会、河南路商界联合会、上海市民协会、闸北市民对外协会、南市市民对外协会、反帝国主义大同盟、非基督教同盟、上海工界联合会、上海店员联合会、浙江旅沪工会、上海船务机房工界联合会、机器工人俱乐部、淞沪机械职工同志会、劳工青年会、金银工人互助会、雕花业工会、杨树浦工人进德会、上海大学学生会、大夏大学学生会、上海大学平民学校、上海启贤公学、上海女子体育师范、国民公学、勤业女子师范、虹口平民女学校、林荫路平民学校、安徽逃亡学生团、申江学会、青年学社、旅沪兴化学会、上海琼崖新青年社平民教育研究社、平民导社、民治急进社、旅沪赣民自治促进会、女界、士维持会、旅沪浙江自治协会、曹家渡亥育报社、中国青年救国团、春雷文学研究社、中国孤星社、上大浙江同乡会、天津留沪学生同志会、旅沪山东学生同志会、青年印刷工人互助社、同志劝诫嗜好阅报社、暨南大学学生自治会、杨树浦平民校友会、东北城商界联合会、地货友谊会、普贤学校、真茹平民教育社、贵州留沪学生会、南洋烟草职工同志会失业后援会、明智公学、江西省议会第二届议员驻沪办事处等六十二公团公叩

1924年11月24日第二张第五版

浙籍学生反对孙传芳

上海大学浙籍学生昨日为浙事发出代电云：此次江浙战争，我们浙江牺牲了无数生命财产，结果却只增加吾浙人民压迫宰制之苦痛，吾民所愿的自由与幸福一点也没得到。我们经了这一次重大之教训，应根本觉悟，军阀存在一天，我们绝对得不到自由与幸福，生命财产绝对得不到保障。军阀的利益完全与人民的相反，有军阀无人民，有人民无军阀。浙人若不甘长受军阀的压迫，便应快快团结起来，以人民自己的力量来推翻军阀，不许任何军阀在浙江存在。我们要靠人民自己的力量，只有人民自己的力量是真实的力量，才能替人民谋利益。我们现在最要反对宰割浙江的孙传芳，而孙一面解散浙军，一面表示拥段，以冀永保宰割人民的局面，这是我们浙江人民的极大危机。我们应该赶快想法自救，赶快团结起来，与全国被压迫人民一同奋斗，务期达到目的，恢复我们的自由与幸福。同人不敏，愿随全浙人民之后。

上海大学浙江同乡会叩

1924 年 11 月 27 日第二张第五版

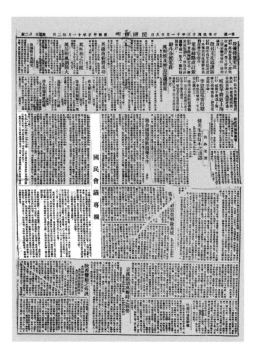

國民會議專欄

▲上海大學學生會擁護中山先生主張

上海大學學生會對於中山先生主張召集國民大會，表示絕對贊成，茲發表宣言如下：

我們在這十三年來的糜爛局面中，飽嘗了軍閥混戰私鬥的滋味，嘗受了帝國主義刺戟凌波的苦痛。（中略）中山先生已於日前遄赴北京，並以國民黨總理名義發表堂堂正正的對於時局的宣言，主張召集國民會議，以解決內受軍閥壓迫外受帝國主義宰割壓迫的混亂時局。我們體了孫中山先生的時局宣言，深明瞭他主張的國民會議的用意是在異敝毙了帝國主義謀閥，他在宜言裏懇懇的向我們國民宜佈他的主張：

（一）使時局之發展能適應於國民之需要。
（二）使國民能自選擇其需要。

本以上的主張，提倡召集國民會議，以謀中國之統一與建設。而在國民會議召集以前，主張先召集一預備會議，決定國民大會之基礎條件及召集日期選舉方法等事。預備會議，以下列團體之代表組織之。（一）現代實業團體（二）商會（三）教育會（四）大學（五）各省學生聯合會（六）工會（七）農會（八）共同反對曹吳各軍（九）政黨。

我們為我們國民本身的利益，應當追隨孫中山先生之後，促成此次國民會議，我們願以全副的力量來作孫中山先生的後盾，實現代表國民利益的孫中山先生的時局宣言，我們更希望上海各學校以至全國各學校各公團一致起來擁護孫中山先生的主張，自解倒懸於萬一無二的絕好機會。

各學校的同學們、全國的同胞們，我們自救的機會到了，我們不可單靠赤手空拳的孫中山先生，要在這次國民大會中收回我們的孫中山先生的利權，恢復我們的自由，永遠斷絕軍閥的專橫和帝國主義的探爭，我們必須聯合起來一致擁護我們的國民大會的探爭，誰破壞此次國民大會就是我們的促成國民大會，誰破壞此次國民大會就是我們向他猛攻，時機不可復失，快快起來，作孫中山先生的後盾，實現真正的國民大會。

国民会议专栏·上海大学学生拥护中山先生主张

上海大学学生会对于中山先生主张召集国民大会，表示绝对赞成，兹发表宣言如下：

我们在这十三年来的糜烂局面中饱尝了军阀混战私斗的滋味，备受了帝国主义剥削欺凌的苦痛，（中略）中山先生已于日前过沪赴京，并以国民党总理名义发表堂堂正正的对于时局的宣言，主张召集国民会议，以解决内受军阀外受帝国主义宰割压迫的混乱时局。我们读了孙中山先生的时局宣言，就明了他主张的国民会议的用意是在真诚为国民谋福利，他在宣言里恳挚的向我们国民宣布他的主张。

（一）使时局之发展能适应于国民之需要；

（二）使国民能自选择其需要。

本以上的主张，提倡召集国民会议，以谋中国之统一与建设，而在国民会议召集以前，主张先召集一预备会议，决定国民大会之基础条件及召集日期、选举方法等事。预备会议，以下列团体之代表组织之：（一）现代实业团体；（二）商会；（三）教育会；（四）大学；（五）各省学生联合会；（六）工会；（七）农会；（八）共同反对曹、吴各军；（九）政党。

我们为我们国民本身的利益，应当追随孙中山先生之后，促成此次国民会议，我们愿以全副的力量作孙中山先生的后盾，实现代表国民利益的孙中山先生的时局宣言，我们更希望上海各学校以至全国各学校、各公团一致起来拥护孙中山先生的主张，自解倒悬于此独一无二的绝好机会。

各学校的同学们，全国的同胞们，我们自救的机会到了，我们不可单靠赤手空拳的孙中山先生，我们要使国民大会实现，要在这次国民大会中收回我们的利权，恢复我们的自由，永远断绝军阀的专横和帝国主义的掠夺，我们必须联合起来一致声援我们的先锋孙中山先生，促成国民大会。谁破坏此次国民大会，就是我们的仇敌，我们就应一致向他猛攻。时机不可复失，快快起来，作孙中山先生的后盾，实现真正的国民会议。

1924年11月28日第一张第二版

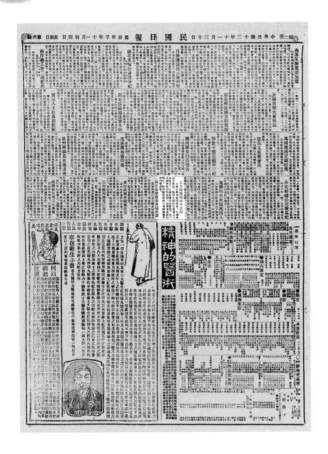

上大河南同学会近闻

上海大学河南同学会,昨开会改选委员,庞琛、王伯阳当选为正副委员长,文牍马怀楷、史赞尧,交际王钺、李亚桢、李宗唐,庶务兼会计徐坚如。继讨论援助济、汴被解教学生办法等而散。

1924 年 11 月 30 日第二张第六版

上海大學主張國民會議宣言

▲注重預備會議

上海大學於十一月二十八日下午由代理校長邵仲輝召集教職員及學生全體會議，討論孫中山先生對於時局之主張，一致贊成召集九團體之預備會議產生國民會議之建議，議決發表宣言並推出邵仲輝彭適之施存統張太雷韓覺民劉劍華林鈞等七八人為代表，與國內各大學聯絡進行九團體預備會議之產出。咋發表宣言，原文如下：

各教育會、各學生聯合會、各工會、各農會、各商會、商業修潛、社會經濟破產、人民失業日眾、以致兵災匪禍、無歲無之、資本家無投資之地、勞動者無生活之資、此誰之賜、帝國主義之侵掠與國內軍閥之戰爭有以致之也、發展中國之國民經濟與建設民治主義的政治、勢非人民結合起來用革命的手段將中國禍源之帝國主義與軍閥剷除不可、然而此種國民命之成功、決非一早一夕可以達到、欲達到此目的必經由種種之步驟、近自曹吳失敗、中國政局有轉機與下落之兩種可能、但乏行動之南針、人民革命之極大、孫中山先生於此次離粵時對時局發表宣言、主張召集國民會議、並由九團體之預備會議來決定產生國民會議之方法、以為人民解決國事人民意之表現、中國近年生產日衰、及全國國民鑒、人民之覺悟、即段祺瑞等亦表示有名集國民會議之第一步宣言出後、一時受各界人士之贊同、即段祺瑞等亦表示贊成召集國民會議之意、惟國民會議未始不會受軍閥之利用、所以關於產生國民會議之方法須特別注意、中山先生主張由九團體代表組織之預備會議比較能代表民意、以之產生國民會議、或可得真正之國民代表、此本校於一月二十八日下午一時開教職員及學生全體會議、並發表宣言號召國人一致擁護、以促成國民會議、通過贊成中山先生之意見、本校已於一月二十八日下午一山先生國民能辦別國民會議之真假而國民會議之特點指出、並真能代表民意以解決國事、本校已於一月二十八日下午一時開教職員及學生全體會議、通過贊成中山先生解決國民問題、虛偽國民會議並發表宣言號召國人一致擁護、以促成國民會議、通過贊成中山先生解決國民問題、庶國民經濟能發展、人民自由為保障、不勝待命之至、上海大學教職員及學生全體叩。

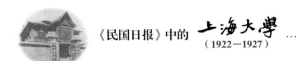

上海大学主张国民会议宣言·注重预备会议

上海大学于十一月二十八日下午由代理校长邵仲辉召集教职员及学生全体会议，讨论孙中山先生对于时局之主张，一致赞成召集九团体之预备会议产生国民会议之建议。议决发表宣言并推出邵仲辉、彭述之、施存统、张太雷、韩觉民、刘剑华、林钧等七人为代表，与国内各大学联络，进行九团体预备会议之产出。昨发表宣言，原文如下：

各实业团体、各商会、各工会、各农会、各教育会、各学生联合会、各大学及全国国民鉴：中国近年生产日蹙，商业停滞，社会经济破产，人民失业日众，以致兵灾匪祸，无处无之。资本家无投资之地所，劳动者无生活之工资，此谁之赐？帝国主义之侵掠与国内军阀之战争有以致之也。为发展中国的国民经济与建设民治主义的政治，势非人民结合起来，用革命的手段将中国祸源之帝国主义与军阀铲除不可，然而此种国民革命之成功，决非一早一夕可以达到，欲达到此目的必经由种种之步骤。近自曹、吴失败，中国政局有转机与下落之两种可能，人民经过此次战争之极大痛苦后，亦稍有干预政治之觉悟，但乏行动之〈指〉南针。中国革命领袖孙中山先生于此次离粤时对时局发表宣言，主张召集国民会议，并由九团体之预备会议来决定产生国民会议之方法，以为人民解决国事之第一步宣言出后，一时受各界人士之赞同，即段祺瑞等亦表示有召集国民会议之意。惟国民会议须真能代表民意时方能解决国事，当今军阀统治之下国民会议未始不会受军阀之利用，所以关于产生国民会议之方法须极端注意。中山先生主张由九团体代表组织之预备会议比较能代表民意，以之产生国民会议，或可得真正之国民会议，是以本校于赞成中山先生国民会议主张外，尤特别将中山先生预备会议之特点指出，使一般国民能辨别国民会议之真假，而国民会议不致受军阀之利用，并真能代表民意以解决国事。本校已于十一月二十八日下午一时开教职员及学生全体会议，通过赞成中山先生之意见，并发表宣言号召国人一致拥护，以促成国民会议并解决中国问题，庶国民经济能发展，人民自由得保障，不胜待命之至。

上海大学教职员及学生全体叩

1924 年 12 月 3 日第一张第三版

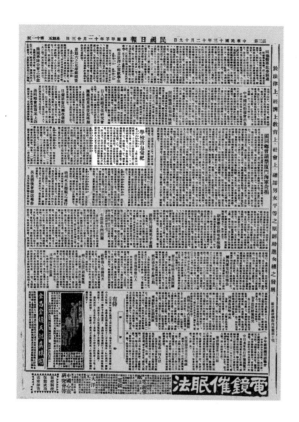

学校消息汇纪·上大川同学开会

上海大学四川同学会,十七日午后假该校第二院开选举大会,到二十五人。一、主席刘剑华报告。二、各部报告过去情形。三、讨论问题:甲、国民会议筹备会参加问题。全体通过,议决通电全国;乙、会员林应时、陈毅夫自请退会问题。议决许其退出,同时声明以后林、陈不得借该会名义作任何事故;丙、修改简章组织问题。通过改为委员制,设委员九人。四、改选:当选李成林、窦勤伯、尹敦哲、章香墀、吴铮、郑则龙、杨国辅、李硕勋、陈和禄九人为下届委员。

1924 年 12 月 19 日第三张第十一版

《民国日报》中的 上海大学（1922—1927）

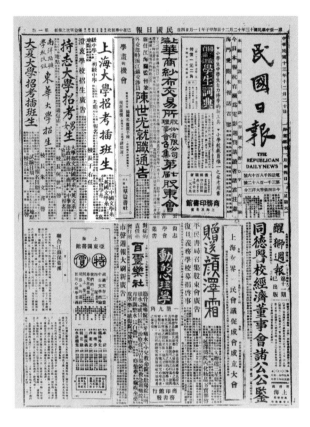

上海大学招考插班生

本校本学期大学部文艺院之中国文学系一、二、三年级，英国文学系一、二、三年级，社会科学院之社会学系一、二年级；中学部之高级中学一、二、三年级，初级中学一、二年级，均招收插班生。考期：第一次为一月九、十两日。报名：自十二月二十二起须随带试验费二元、最近四寸半身照片及文凭或转学证书。函索简章者，须附邮票四分；索本校一览者，须附邮票十五分。空函恕不作复。地点在爱文义路西摩路本校。

校长于右任

1924年12月20日第一张第一版

上大代理校長被控案開審記

▲第一節仇洋巴註銷 ▲餘展勣三禮拜再訊

西摩路上海大學代理校長卬力子（校長于右任住北京）被總巡捕房控訴出售含有仇洋詞句之嚮導報，其傳票所開案由爲『於十二月八日出售嚮導報，內含仇洋詞句，犯刑律第一百二十七條，又不將主筆姓名刊明報紙，違犯律第八條』，先是捕房得報，罰嚮導週報在上海大學刊印發行，於八日派探至鼓樓書報流通處（係學生組織以便同學購閱者）購得九十二期翻印，同印報機器，九日卽隣發給搜查證，至該校搜查，共到中西包探七八人，除文藝科學等書外，取去新出之雜誌及有『社會』兩字之書籍多種，又聞出售嚮導報情形，當至講義處察視一過，至書報流通處用膠寫板油印，並無印報機器，亦不印報，講義係由陸襄獻英領事會訊，上海大學學生多到堂旁聽，克威律師代表邵君，昨晨由廣州丁卜書報社寄來每期三十分至十七日乃以傳票送達邵君，取去近時新出之雜誌及有『社會』兩字之書籍多至該條英文譯本內（按英譯文爲 Without Authority Hostile 'Against Foreigners'）之 Hostile 字樣，亦可作仇視外人解，惟麻岱中國公堂，自應以中文爲主，又引英國法律，說明此等情罪，等於謀叛國家，於全案萬不適用，請求將控案註銷，英副領事略詢捕房代表悔脫倫律師後，中西官卽宣布所控第一節犯刑律第一百二十七條應卽註銷，克威律師又稱嚮導刊印發行皆與敎官事人完全無涉，故違犯報律第八條，亦當然不成立，捕房律師聲稱捕房所控尚有違反報律第十條及第八條，亦當然不成立，捕房律師聲稱捕房所控尚有違反報律第十條及諸有多數有害於中華民國云云，克威律師以案情尚待詳細研究，聲請展期，且時已近午，中西官判侯展期三禮拜再訊。

按中華民國並無所謂報律，祇有袁世凱時代公布之報紙條例，徐謙條例旦於民國五年七月十六日奉大總統令廢止，

上大代理校长被控案开审记·
第一节仇洋已注销，余展期三礼拜再讯

西摩路上海大学代理校长邵力子（校长于右任往北京）被总巡捕房控诉出售含有仇洋词句之《向导》报，其传票所开案由为"于十二月八日出售《向导》报，内含仇洋词句，犯刑律第一百二十七条，又不将主笔姓名刊明报纸，违犯报律第八条"。先是捕房得报，《向导》周报在上海大学刊印发行，于八日派探，至该校书报流通处（系学生组织以便同学购阅者），购得九十二期《向导》。九日请廨发给搜查证，至该校搜查。共到中西包探七八人，问印报机器，该校办事人答称本校并无机器，亦不印报，讲义系用謄写板油印。当至讲义处察视一过，取去讲义数纸。又至书报流通处，除文艺科学等书外，取去近时新出之杂志及有"社会"两字之书籍多种。又问出售《向导》情形，学生答以由广州丁卜书报社寄来每期三十分〔份〕。至十七日乃以传票送达邵君。昨晨由陆襄諴英领事会讯，上海大学学生多到堂旁听。克威律师代表邵君兼上海大学，由徐维绘君翻译。先起立抗议捕房所引用之刑律第一百二十七条，该条文为私与外国开战者处一等至三等有期徒刑，与本案情节全然不合。虽本条英文译本内（按英译文为 Without Authority Hostile Against Foreigners）之 Hostile 字样，亦可作仇视外人解，惟本廨为中国公堂，自应以中文为主。又引起英国法律说明此等罪等于谋叛国家，与本案万不适用，请求将控案注销。英副领事略询捕房代表梅脱伦律师后，中西官即宣布所控第一节犯刑律第一百二十七条应即注销。克威律师又称《向导》刊印发行皆与敝当事人完全无涉，故违犯报律第八条，亦当然不成立。捕房律师声称捕房所控尚有违反报律第十条及藏有多数有害于中华民国之书报云云。克威律师以案情尚待详细研究，声请展期，且时已近午，中西官判候展期三礼拜再讯。

按中华民国并无所谓报律，只有袁世凯时代公布之报纸条例，然该条例已于民国五年七月十六日奉大总统令废止。

1924年12月20日第三张第十版

上海大学四川同学会通电

江浙称兵，奉直继起，帝国主义者之野心正炽，国内军阀之迷梦方殷，吾民于此水深火热中，正宜奋起，联合国民以自救。孙中山先生者建国元勋、革命领袖，提倡国民会议，召集全国国民代表，共谋解决时局之方策，伟烈鸿猷，乘时利器，负气含生之伦，莫不踊跃奋发。同人等愿竭全力，追随孙先生后，并郑重声明反对段氏分赃割地之善后会议，以期促成真正人民国体所组织之国民会议；愿同胞大家一致联合，为孙先生后盾，以与军阀和帝国主义者一决雌雄。临电迫切，不胜待命之至。

上海大学四川同学会叩

1924年12月24日第一张第四版

学务丛报·上海大学之扩充·上海大学学生会

上海大学之扩充　近以寒假期迩，亟待结束，该校行政委员会特于日前开会，除讨论年内招生及来年扩充图书馆与中学部暨其他一切问题外，日昨该校代理校长邵仲辉君又发表布告，自下学期起，已聘定周越然君为该校英国文学系主任。

上海大学学生会　本月九日开大会改选执行委员，当选出陶同杰、林钧、刘剑华、朱义权、何秉彝、陈志英、黄竟成七人充任。日前夜晚七时，复开全体大会，讨论关于学务、校务、会务及学生方面之一切重要问题，到会者超过半数，讨论约三小时之久。其议决案，如促学校行政委员会从速组织募捐委员会、俾得早日建筑新校舍、行政委员会学生得派代表参加、添置学务长、组织新闻通信社、建筑操场、促学校从速立案并力争退回庚子赔款作本校经费、添设游艺室、继办上大周刊等十余条。

1924年12月24日第三张第十一版

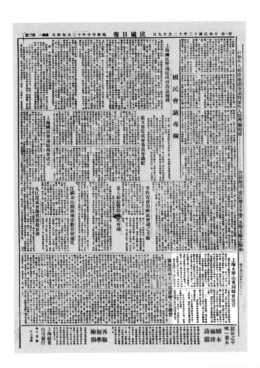

上海大學山東同鄉會宣言

我們這有名無實的中華民國，成立已十三年了，這十三年中，我們人民受的痛苦，實在不亞於未革命以前，我們曉得，這並不是我們的國家不宜於革命，完全是因為我們人民對於國事太不關心、專任源一班軍閥官僚們胡為的緣故，因此現在我們對於召集國民會議由人民自己接收政權，是竭端贊成的。

北京政變以後，極端派主張開這樣的會議，鄉派主張開那樣的會議，有孫中山先生發表決絕的提出國民會議，以國事付之民眾，他們認為這是最正當而且最好的辦法，我們無論怎樣，要出全力以擁護的，我們不管孫中山先生是什麼黨、什麼派，我們只認得我們民眾的利益，擁護我們的利益就擁護他，誰擁護我們的利益隨著孫中山先生奮鬥吧。

中山先生主張的九種人民團體組織國民會議預備會：

一、推翻善後會議，竭力擁護中山先生主張的九種人民團體組織國民會議預備會。

二、我們要即刻的促成國民會議預備會議。

三、國民會議預備會成立後，一切政權、應移交國民會議預備會。

在正式政府未成立之前，即為中國最高行政機關。

同胞們，起來吧，為我們自身的利益隨著孫中山先生奮鬥吧。

我們還要注意，兇弁段氏在北

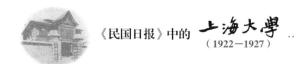

上海大学山东同乡会宣言

我们这有名无实的中华民国,成立已十三年了。这十三年中,我们人民受的痛苦,实在是不亚于未革命以前。我们晓得,这并不是我们的国家不宜于革命,完全是因为我们人民对于国事太不关心,专任凭一班军阀、官僚们胡为的缘故,因此现在我们对于召集国民会议由人民自己接收政权,是极端赞成的。

北京政变以后,极这派主张开这样的会议,那派主张开那样的会议,独有孙中山先生毅然决然的提出国民会议,以国事付之民众。我们认为这是最正当而且最好的办法,我们无论怎样,是要出全力以拥护的,我们不管孙中山先生是什么党、什么派,我们只认得我们民众的利益,谁拥护我们的利益我们就拥护他。

我们还要注意,现在段氏在北京提议以善后会议作国民会议的预备会,我们认为这是不合理的,既称曰国民会议,当然要以国民为主体,即便预备会议也要依照孙中山先生主张的九种人民团体,万不能用军阀、官僚、名流等来组织预备会议的。我们有以下最低限度的三个主张:

一、推翻善后会议,竭力拥护中山先生主张的九种人民团体组织国民会议预备会。

二、我们要即刻的促成国民会议预备会议。

三、国民会议预备会成立后,一切政权,应移交国民会议预备会。在正式政府未成立之先,即为中国最高行政机关。

同胞们,起来吧,为我们自身的利益随着孙中山先生奋斗吧。

1924年12月29日第一张第三版

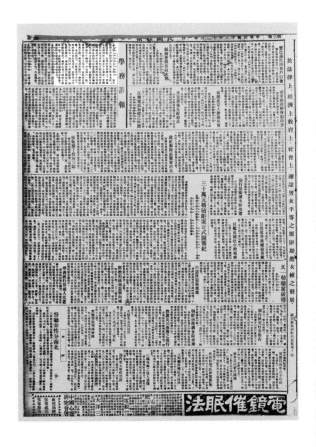

学务丛报·上海大学英国文学系得人

该大学聘定周越然为英国文学系主任,已志前报。查周君系吴兴人,受复旦大学特赠名誉文学士学位,曾历任苏州英文专修馆、江苏高等学校、吴淞中国公学、吴淞商船学校教员、安徽高等学校教务主任、南京国立高等师范英文科主任等教职,并编撰有英文书籍三十余种,皆极风行一时,最得青年学子之敬仰。故该校自聘定周君后,学生异常欢忻,联袂往谒,表示欢迎。该校校长于右任,昨亦由北京致电周君,意谓承主持英文学系,此间同人闻讯欢跃,谨电欢感等语。闻该校现已开始招收各级插班生,周君已为主持英文学系一切,并拟将其家藏西文书籍为该校设置英文学系图书部门。

1924年12月31日第三张第十一版

1925 年

上大山東同鄉會與山東各團體函

山東各報館轉各學校各團體各同胞公鑒、有名無實的中華民國、來到現在已十三年了、道十三年之間始而洪憲、繼而復辟、終而賄選、我東省同胞、那一次不是受了他們底毒害麽、(中略)現在賄選的傀儡已倒了手起中華民國的元勳孫中山先生、慨然北上、以解決國是為職志、一個和的國民會議將於不久要實現在我們眼前、明星似的照在我們頭上、在陰黯沉沉中揭開了幾層深夜的黑幕、指導我們一條光明大路、既有導師勇往直前、我們不急起直追、榮耀活潑的就著我們導師聯絡除有害於我們不平等的條約猛踹、打倒鬼鬼祟祟偶像式的軍閥妖孽、剷除污穢、不堪帝國主義的濁氣、使一切不利於我們一般本民謀幸福的、消滅淨盡、須到中山先生招集的國民會議、都是為我們自身謀利益、並不是為別人去出汗、我們領袖完成此會、正所以為我們一般平民謀幸福的、我們擁護我們的自由快樂、主權一到我手、我當盡我們底天職、破釜沉舟不遺餘力去幹、對於國民會議、聽斷善後會議、比及大功告成的那一天、方如我、真實生活的自由、都是今日由我們全副精力得來的、願我全省同胞、羣起直追、

的、所以敵會開人深惡吾東省同胞抱一個激底的覺悟、在通千鈞一髮的當兒、對於國民會議、不容緩的進行作備、實踐我們底行使主權恢復

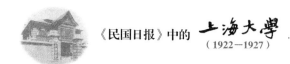

上大山东同乡会与山东各团体函

　　山东各报馆转各学校、各团体、各同胞公鉴：有名无实的中华民国，来到现在已十三年了，这十三年之间始而洪宪，继而复辟，终而贿选，我东省同胞，那一次不受他们底影响。但是他们这种罪大恶极的蠢动，究竟是谁嗾使的，不是受了帝国主义的毒害么？（中略）现在贿选的傀儡已倒了，手起中华民国的元勋孙中山先生，慨然北上，以解决国是为职志。一倡百和的国民会议将不久要实现在我们眼前，明星似的照在我们头上，在阴霾沉沉中揭开了几层深夜的黑幕，指导我们一条光明大路。既有导师勇往直前，我们何不急起直追，荣耀活泼的帮着我们导师驱除有害于我们不平等的条约猛兽，打倒鬼鬼祟祟傀儡式的军阀妖孽，铲除污秽不堪帝国主义的浊气，使一切不利于我们一般平民底障碍，消灭净尽。须到中山先生招［召］集国民会议，都是为我们一般平民谋幸福的，我们拥护我们领袖完成此会，正所以为我们自身谋利益，并不是为别人去出汗的。所以敝会同人深望吾东省同胞抱一个澈［彻］底的觉悟，在这千钧一发的当儿，对于国民会议刻不容缓的进行准备，实践我们底行使主权，恢复我们底自由快乐。主权一到我手，我当尽我们底天职，破釜沉舟不遗余力去干，誓死不认军阀包办国民会议、垄断善后会议。比及大功告成的那一天，方知我们真实生活的自由，都是今日由我们全副精力得来的。愿我全省同胞，群起直追。

1925年1月5日第一张第三版

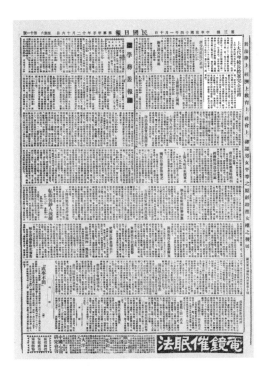

上大代理校长控案完全注销

上海大学代理校长邵力子,被总巡捕房控告出售《向导》周报,犯新刑律第一百二十七条及报纸条例第八条第十条一案,前月十九日已奉公廨讯判,先将违犯新刑律之第一节注销。昨晨复讯,邵君所延克威律师(由徐维绘君翻译)起称,捕房律师根据之报纸条例,查已于民国五年七月十六日奉大总统令废止,所控当然不能成立,应请注销。述毕,即将司法部编印之司法例规内所列废止法令一览表呈案请察,关谳员与英副领事核商后,即宣谕云,报纸条例已奉大总统令废止,本案应即注销。克威律师又称,敝当事人为在社会上有信用与名誉之人,倘公堂尚有怀疑,可请垂询。中西官谕谓,案既注销,无庸再问。克威律师又请谕知捕房,将检查带回之书报一律发还,奉谕另行具禀声请。

1925 年 1 月 10 日第三张第十一版

邵力子启事

敬启者：鄙人此次被控，已奉会审公廨讯明取销[消]，其理由为原控引用新刑律第一百廿七条错误，及报纸条例已于五年七月奉大总统令废止，此足征公庭尊重言论自由，鄙人极为钦佩。惟关于出售《向导》周报之事实的真相，当庭未及陈述，报载又甚简略，恐各界误会，不得不再说明梗概。鄙人从未发售《向导》周报，上海大学尤非《向导》发行机关。此次捕房据人报告，饬探在校内书报流通处购得九十二期《向导》一份，遂据以控诉。惟书报流通处系学生自动的组织，借以便利同学间之购阅。凡近时出版之新文艺新思潮书报，大致略备，半向各大书店批购，半由各出版人托为寄售。《向导》亦系由广州寄来每期三十份，托为代售而已。真相如此。鄙人实与《向导》周报完全无关，未敢掠美（某报谓鄙人组织《向导》报，尤误），特此据实声明。

邵力子谨启

1925年1月11日第三张第十一版

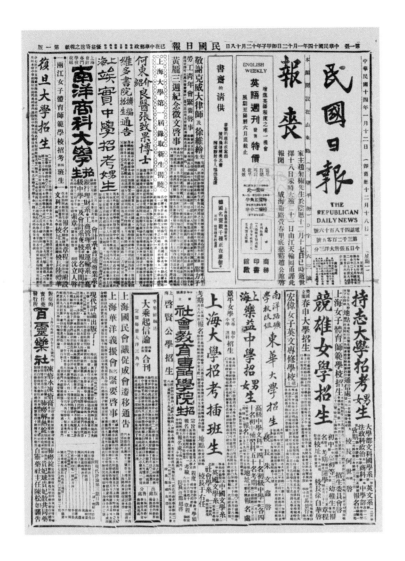

上海大学第一届录取新生揭晓

中国文学系二年级特别生杨恺、吴卓斋二名,一年级正式生王熙一名,试读生许嗣诗、陈立华、杨世恩三名。英国文学系二年级试读生邱楠一名,一年级试读生仇培之、林福民二名。社会学系一年级正式生赵宋庆、段泽杭二名,特别生李花天一名。

1925 年 1 月 12 日第一张第一版

上海大学之新计划

该校校务长刘含初辞职,现经行政委员会改为总务主任,由代理校长邵力子改聘北京文学理学士韩觉民担任,已于前日就职。英国文学系新聘复旦大学文学士周越然为主任,并增聘香港大学文学士朱复为教员。闻该系本学期新计划约有四端:(一)教科方面,拟采用欧美大学现所注重之世界文学而英国观的,从流以探英文学之渊源,并旁稽博考,选读世界各种文学名著,使学者对于文学既能贯通,复了解文学为文化之小传,而得文雅教育之价值。(二)设备方面,拟于开学后,即筹备陈设该系的图书室,添购英文著名文学作品、杂志报章,备学者之参研,以助进其学业。(三)教学方面,除堂课外:一拟举行师生课外学业谈话,俾教者、学者均有询问讨论解决之机会,而深切其观摩之益;二拟组织英国文学研究会,请积学之士演讲,并使学者得以发抒心得练习演讲。(四)扩充方面,英语语音学一科甚为重要,故社会方面之需要甚殷,拟于开学后成立,该学程由主任或专家担任演讲,以供社会一般之学习。

1925年2月5日第三张第十一版

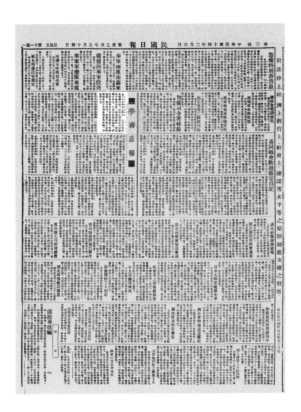

上大中学部之革新

上大中学部自开办以来,向与大学部各系同属于行政委员会,现为精神专一便于进行起见,已由行政会议议决,委托该部训育主任兼教员刘薰宇组织机关,独立办理。闻刘君现已约同侯绍裘、匡互生等协商各部组织,以策进行云。

1925 年 2 月 6 日第三张第十一版

《民国日报》中的 上海大学（1922—1927）

● 邵力子控案辩论终结

上海大学代理校长邵力子被总巡捕房刑事检查科二次控新有碍租界治安一案，昨晨复讯、捕房代表梅脱兰律师起言，本案请求两事，[一]请将在上海大学及在该校寄宿舍各与在嘉闻鸣路三百零七号抄获之书籍充公销毁，查报纸条例虽已废止，而出版法实仍有效，此项书籍，查违反出版法有关，一徐维绘君翻译，出版法条亦当不能延克威律师辩称，未经国会通过，不能成为法律、民国法律、全须由国会通过，实与英国相同，次梅脱兰律师将查获书籍呈公堂查阅，或印有列宁等像片、或系列宁著作，或主张共产学说、或反对基督教，皆指为过激煮书籍，又向西探长祁文司诘询查抄时见上海大学有无印桢、大学校长曾查明为邵力子所有，克威律师起称、学校代理校长又欲拦阻我等稀豪出外、约历一小时该校及教员寓所共获书籍二百余本、事前曾遣翻译至该校购得需导等五种、瘦西探长诘询查抄时见上海大学学生不平、非向该校学生颜激怒、毁异捕房华人骂洋奴公猪类、书籍、无故将其查抄、自难怪激起学生不平、答捕无有，又由捕房梅译顾来清作证，克威律师起称、本人曾至该校购得需导等五种、惟处，以一元购得需导前共产党礼拜六等五种、惟并非在邵力子手中所买、克威律师又辩称、大学校学生有研究学术之自由、任何书籍、皆得取之研究资料，此等书籍、无非供研究之用、如因此获管、则凡叙治家或法律家之书籍、甚危险、且被告並非贩售此等书籍者、尤与彼无关、开办两年、未由个人私立、我为代理校长、凡聘任教授薛武经些等皆由我负责、予曾任陕西长官、到在北京、係个人私立、校长捻于右任，子曾任陕西长官，刻在北京，係个人私立，校长捻于右任，经邵供称、开办两年，凡聘任教授薛武经些等皆由我负责，形，此等书籍、无非供研究之用、如因此获管、则凡叙料，任何书籍、皆得取之研究资生有研究学术之自由、又欲拦阻我等稀豪出外、约历一小时该校及教员寓所书籍，无故将其查抄、自难怪激起学生不平、答捕无有，曾至上海大学学生不平，非向该西探长诘询查抄时见上海大学有无印桢、学校代理校长曾查明为邵力子所有，克威律师起称、书籍、无故将其查抄、自难怪激起学生不平、答捕无有又由捕房梅译顾来清作证，次由捕房梅译顾来清作证、以一元购得需导前共产党礼拜六等五种、惟处、并非在邵力子手中所买、克威律师又辩称、大学校学生有研究学术之自由、任何书籍、皆得取之研究资料、此等书籍、无非供研究之用、如因此获管、则凡叙治家或法律家之书籍、甚危险、且被告並非贩售此等书籍者、尤与彼无关、开办两年、未由个人私立、校长为于右任、经邵供称、我为代理校长、凡聘任教授薛武经些等皆由我负责、形、子曾任陕西长官、刻在北京、係个人私立、校长捻于右任、任、予曾任陕西长官、刻在北京、係个人私立、校长捻于右任、我为代理校长、凡聘任教授薛武经些等皆由我负责、等词、关总员与英斯副领事会商、判候下星期五官布堂论、

邵力子控案辨论终结

上海大学代理校长邵力子被总巡捕房刑事检查科第二次控诉有碍租界治安一案，昨晨复讯，捕房代表梅脱兰律师起言，本案请求两事：（一）请将在上海大学及在该校寄宿舍与在慕尔鸣路三百零七号抄获之书籍充公销毁。〈（二）请将被告驱逐出租界。〉查报纸条例虽已废止，而出版法实仍有效。此项书籍实违反出版法，且于租界治安有关。被告延克威律师辩称（徐维绘君翻译），出版法亦袁世凯所私定，以便其帝制自为者，未经国会通过，不能成为法律，民国法律，全须由国会通过，实与英国相同。次梅脱兰律师将查获书籍择呈公堂查阅，或印有列宁等像片，或系列宁著作，或主张共产学说，或反对基督教，皆指为过激党书籍。又向西探长祁文司诘询搜查情形，谓在该校及教员寓所共查获书籍二百余本，事前曾遣翻译至该校购得《向导》等五种，搜查时该校学生颇激怒，毁骂捕房华人为洋奴、为猪类，又欲拦阻我等带书出外约历一小时，该校代理校长曾查明为邵力子云云。克威律师起称，学校学生所有书籍，无故将其查抄，自难怪激起学生不平，并向该西探长诘询查抄时见上海大学有无印机，答称无有。次由捕房翻译顾来清作证，曾至上海大学书报流通处，以一元购得《向导》《前锋》及《共产党》《礼拜六》等五种，惟并非在邵力子手中所买。克威律师又辩称，大学校学生有研究学术之自由，任何书籍皆得取为研究资料，此等书籍，无非供研究之用。如因此获咎，则凡政治家或法律家之书籍，皆甚危险，且被告并非贩售此等书籍者，尤与彼无关。末由中英官略询该校组织情形，经邵供称，开办两年，系个人私立，校长为于右任。于曾任陕西长官，刻在北京，正欲向教育部立案，我为代理校长，凡聘任教授筹画［划］经费等皆由我负责等词。关谳员与英马副领事会商，判候下星期五宣布堂谕。

1925年2月7日第三张第二版

孙先生病状之昨讯·上海大学全体电京慰问

上海大学因孙先生此次抱病北上,领导群众奋斗,自进协和医院割治,迄未全[痊]愈,甚为注意。前日决议致电慰问,又因校长于右任现在北京,即电请于君就近代达。电文如下:

北京于右任校长钧鉴:创造中华民国之孙中山先生久病未痊,凡属中华人民,莫不忧念。本校负养成建国人才之重任,尤渴望此革命领袖,战退病魔,早复健康,完成其领导人民建国之目的。敬请公就近晋谒,代达同人企[祈]祷之忱,燕云在望,谨一致遥祝孙先生万岁,中华民国万岁。

上海大学职教员学生全体同叩阳

1925年2月8日第三张第十版

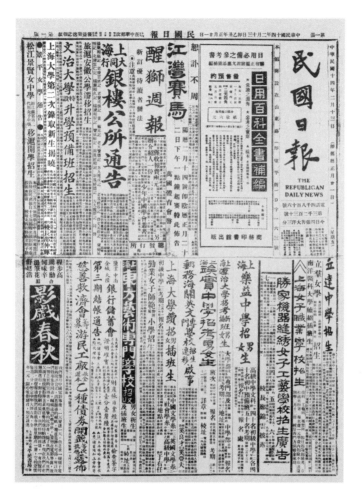

上海大学第二次录取新生揭晓

大学部中国文学系二年级特别生杨志英，一年级正式生游骞，试读生吴磐，特别生沈见戈、陆恒生、廖世光、孙维垣。英国文学系一年级正式生李善舟、纪威。社会学系二年级试读生李元杰，特别生叶学纯、陈孔鸿、黄绍耿，一年级正式生杨达、钱有光、张兆昶，试读生张先梅、杨思盛。中学部高级中学一年级正式生吕全贞。

代理校长邵仲辉

1925年2月13日第一张第一版

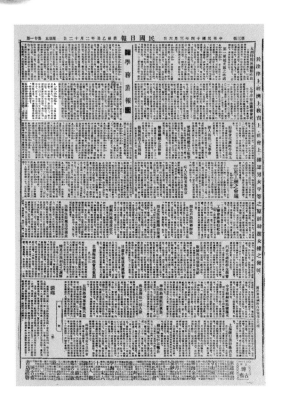

学务丛报·上海大学特准补考

上海大学历史虽不甚久,但自于右任校长来校以后,办事得法,教授得人,声名洋溢,早为一班士子所信仰。兹闻该校业于前数日开课,旧生已到三分之二以上,即此次考取新生亦复不少。近日各省学生仍有陆续来校要求补考者,该校为体恤学生起见,特准其随到随考。

1925年3月6日第三张第十一版

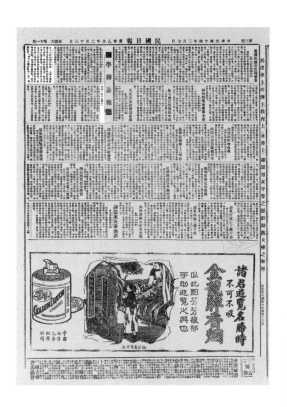

学务丛报·上大附中续行补考

上海大学附属中学本学期自刘薰宇、侯绍裘等来校主持后,校务整顿颇力,此次投考新生极形拥挤。近日更有因上次未及与考者纷纷前往要求补考,该校办事上颇感不便。为免使有志向学者向隅,并为减省麻烦计,复定于三月十日下午续行补考一次,过期则一概不允要求。

1925 年 3 月 7 日第三张第十一版

《民国日报》中的 上海大学 (1922—1927)

上大改名称之进行

上大学生会,前日午后七时续开全体大会,议决向广东政府请求改上海大学为国立中山大学,为中山先生永远纪念。又在各系添设三民主义讲座,及增设政治、经济、教育三系。又定下礼拜三日(三月二十五日)开追悼大会,是日出特刊,印发中山先生遗像,请名人与各系主任及中学部主任演讲,通知国民党执行部派人参加,演放中山先生讲演之留声机片及其到沪时所摄活动影片。附致于校长电。

北京铁狮子胡同于右任校长鉴:本校学生为永远纪念中山先生起见,一致请求向广东政府将本校改为国立中山大学,特设三民主义讲座,并添设与三民有关之政治、经济、教育三系。除向行政委员会建议外,特电请即予许可,尤望能于本校三月二十五日追悼会前示复。

上海大学学生会叩号

1925年3月21日第三张第十版

学务丛报·上大平民夜校继续开办

西摩路上海大学平民夜校,已于本月二十日开学,二十一日正式上课,报名学生异常踊跃,每晚有数十名之多云。

1925年3月24日第三张第十一版

学务丛报·上大演说练习会

自王振猷主持以来,会务蒸蒸日上,兹届改选之期,结果正、副会长陈铁厂、王振猷,文书瞿景白,交际段稺松、干翔青,会计贺威圣,庶务李养人等当选为职员。该会现已分组练习,并拟函请邵力子、恽代英、杨贤江、张太雷等为指导员,并增加英、法、俄语各一组,组长公举李养人、杨达等担任,记录为崔小立、孟超。闻下星期各组将作辩论预赛,该会大计划将与海上各大学作友谊比赛,闻定期当亦不远。

1925年3月25日第三张第十一版

学务丛报·上海大学聘定校医

　　昨日上海大学总务处布告云,本校业已聘定医学博士张致果先生为本校校医,先生留学德国六年,医学精纯,手术熟练。现寓老靶子路(河南路东)一百三十五号四层洋楼,电话北四三一七号,每星期四日上午来校诊治,其余期间有愿意诊治者,即在本处领取诊病证,亲佳[往]该处诊治可也。

1925 年 3 月 31 日第三张第十一版

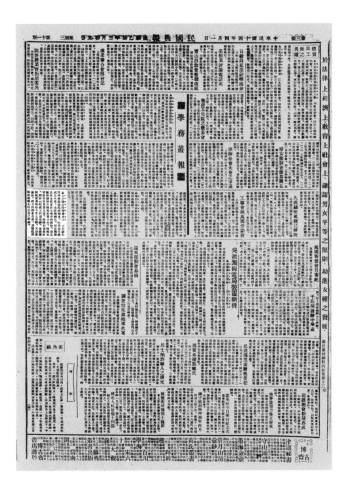

学务丛报·上大湖北同乡会成立

上大湖北同学发起湖北同乡会，已于前日开成立大会，主席韩福民，规定职务共分主任、会计、文书、交际四股，选定该校总务长韩觉民为主任，韩福民、明哲、钱有光为文书，韩阳初为会计，刘移山、纪威、王筠为交际，并推举刘愚真为联络女界之交际。又该会议决，借本同乡会名义，为发起旅沪改造湖北同志会之准备。

1925年4月1日第三张第十一版

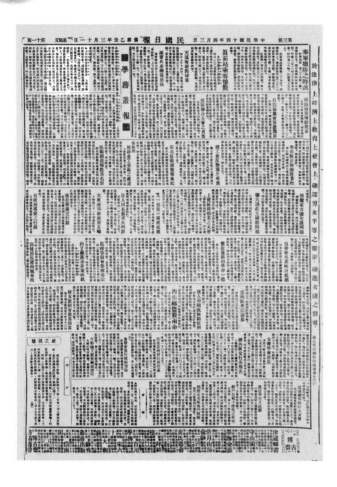

学务丛报·上大行政委员会消息

上海大学行政委员会，为该校最高机关。该会组织，以校长（邵力子）、总务主任（韩觉民）、学务及中国文学系主任（陈望道）、英国文学系主任（周越然）、社会学系主任（施存统）为当然委员外，再由教职员中选出四人，以校长为委员足及开会之主席，闻此次所选出之新委员为沈雁冰、刘大白、朱复、恽代英等四人。并闻不日将开会讨论一切进行办法。

1925年4月3日第三张第十一版

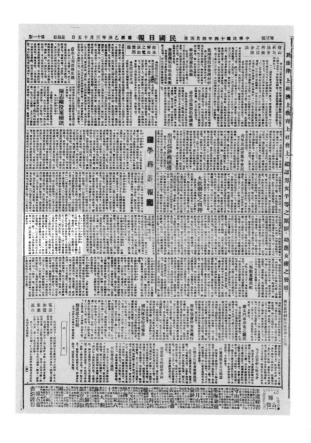

学务丛报·上大浙江同乡会开会纪

上大浙江同乡会,于前晚在该校开全体大会,到者四十余人,贺威圣主席。(一)主席致开会辞;(二)出版、讲演、调查各委员及会计报告上届经过情形;(三)修改章程;(四)讨论会务进行;(五)改选,朱义权、贺威圣、干翔青、李泳[咏]、全世堪、施存统、沈观澜等七人为执行委员,张维祺、韩步先、黄正厂三人为出版委员,朱鹤鸣等二人为演讲委员,丁郁、朱义权、崔小立等为调查委员。并议决:(一)即行召集出版、演讲、调查各委员会,以便分头进行;(二)于最近期内出不定期刊物一种;(三)每星期举行演讲会一次;(四)请调查一委员协同征求会员□。

1925年4月5日第三张第十一版

《民国日报》中的 上海大学 (1922—1927)

学务丛报·上大广东同学会成立

上大广东同学会，前日假该校开成立大会，到四十人。一宣布开会理由；二讨论会章；三选举职员，计张梧村、黄昌炜、李炳祥、许侠夫、叶雄民当选；四讨论会务。后又议决加入孙公追悼会。摄影散会。

1925年4月9日第三张第十一版

学务丛报·上大皖同学会成立

上海大学安徽同学会，昨日开成立会，到者三十九人。一、主席报告筹备经过情形；二、讨论章程；三、选举职员，张一寒、陶梁、江华、刘剑冰、王弼、王绍虞、王立权、丁显、王振猷等九人当选；四、余兴；五、茶点；六、散会。并闻该会决加入本埠各公团追悼孙公大会。

1925年4月11日第三张第十一版

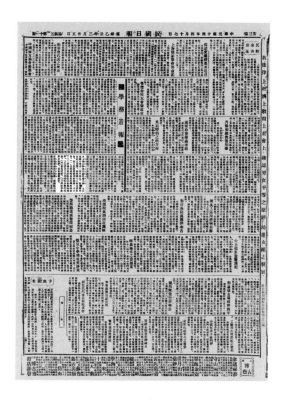

学务丛报·上海大学英文研究会大会

上大英国文学系一部分学生,鉴于课外切磋之重要,特组织上大英文研究会。前日假该校图书馆开第一次大会。(一)主席张鸿林宣布开会理由;(二)干事李锡祚报告该会经过情形;(三)该系主任周越然及教授演说;(四)会员演说;(五)周君作简单之批评。茶点,尽欢而散。

1925年4月17日第三张第十一版

《民国日报》中的 上海大学 (1922—1927)

学务丛报·杨杏佛今日演讲

上海大学社会科学研究会，现请杨杏佛先生演讲"从社会方面观察中国政治之前途"，定今日下午二时，在西摩路时应里该校第二院。杨君对于社会学、政治学极有研究，为现代有名学者。闻该会系公开团体，无论何人都可往听。

1925年4月18日第三张第十一版

学务丛报·上大刊行文学周刊

上海大学近由各级委员会议定刊行文学周刊一种，借本报副张发行，以发表创作研究文学各种问题，并介绍外国文学为宗旨。日前由该刊编辑股委员会议决每星期一出版一次，第一期准在四月二十七号出版。

1925年4月18日第三张第十一版

学务丛报·上大社会科学研究会之演讲

上海大学社会科学研究会,现请定该会指导员恽代英长期讲演,定今日起讲演"中国民生问题",约一星期讲毕,时间为每晚间七时至九时,地址在时应里该校第二院,预定由会员笔记将来修正出版。

1925年4月21日第三张第十一版

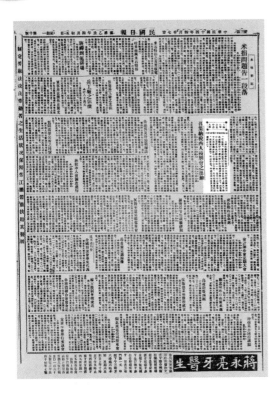
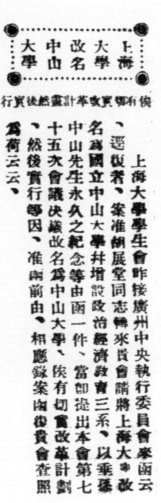

上海大学改名中山大学　俟有切实改革计划然后实行

上海大学学生会昨接广州中央执行委员会来函云：

径复者，案准胡展堂同志转来贵会请将上海大学改名为国立中山大学并增设政治、经济、教育三系，以垂孙中山先生永久之纪念等由函一件，当即提出本会第七十五次会议决议改名为中山大学，俟有切实改革计划，然后实行等因，准函前由，相应录案函复贵会查照为何云云。

1925年4月27日第三张第十版

上大平校

前日为五一劳动节,上海大学平民学校先期由教员编选五一教材,详为解释;复于前晚七时,在校中举行纪念会。其开会顺序:(一)振铃开会;(二)主席朱义权报告开会宗旨,并约略说明五一节之意义;(三)恽代英、侯绍裘、杨洵、向警予、林钧、丁显等相继演说;(四)余兴开唱留声机数片;(五)齐呼"工作八小时""教育八小时""休息八小时";(六)振铃散会。

1925年5月3日第三张第十版

《民国日报》中的 上海大学（1922—1927）

学务丛报·上大女同学会成立纪

本埠西摩路上海大学女同学会，昨日下午七时在该校开成立大会，到者来宾及教职员向警予、韩觉民、恽代英诸先生及各班女同学三十余人，推丁镜娟主席，其顺序：（一）主席致开会辞，并报告筹备经过情形。（二）全体唱国歌。（三）通过起程。（四）来宾及教职员韩觉民、向警予、恽代英等相继演说，大致谓女子应有团结力，并打破旧礼教，力争男女平等云云。（五）选举职员，结果黄俶声当选为总务委员，李咏、何沁石、丁镜娟、孔德沚、刘剑冰、吕全贞为交际委员，张劲我、王秀清为文牍委员，李镜蓉、陆望之为庶务委员，丁郁为会计委员。（六）茶点。（七）余兴，有丁镜娟之京曲，李镜蓉之表情唱，王秀清之唱歌，鲁振杨、华凤琴之奏琴歌唱。至十一时始尽欢而散。

1925年5月3日第三张第十一版

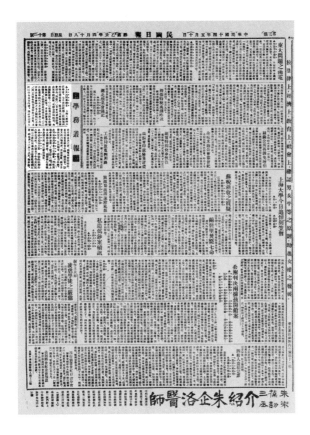

学务丛报·上大川同学开会

上海大学四川同学会,七日在该校第二院开第四次执行委员会,杨志英主席报告开会理由,议决:(一)文书何成湘辞职,由叶学纯递补;交际余泽鸿离沪,由胡国隆递补。(二)淞沪川籍各团体反对川战大同盟,本会被选为常务部职员,公推程源希、杨达出席。(三)公推叶学纯代表本会参加对日外交市民大会所发起之五九国耻纪念会。(四)川省各县贷费因格于定章,本校同学有未贷得者,议决委托李元杰君乘返川之便,就地与当局接洽,并呈请省署指令各县一体照发。该会又因川战复作,兵匪横嚣,拟不日发表宣言,反对战争,并警告民众。

1925年5月10日第三张第十一版

《民国日报》中的上海大学（1922—1927）

上海大学今日追悼胡笠僧·革命健者 协助良朋

河南督理胡公笠僧逝世，各处开会追悼者颇多，本埠亦早有追悼会之筹备。昨得上海大学消息，该校除加入公共追悼会外，特在该校内另开一追悼会，现已筹备就绪，定于本日下午二时在校内举行。该校追悼胡公有两种意义：一是公的方面，胡公虽是军人，他与普通军阀不同，他是信仰主义奉行主义的革命军人。他去年把曹、吴推倒，即请孙先生到北京，今年到河南第一步即[既]使教育基金独立，又提倡工人组织工会，简直是实行革命主义。他今死了，就是革命队里失去一员健将，在这方面是追悼革命健者。二是私的方面，该校校长于右任先生任靖国军总司令时，笠僧为其部下。笠僧在时，对于该校常为友谊帮助，他今逝世，就是该校失去了一个协助的朋友，所以在这方面，是追悼协助的良朋。闻周道腴（震鳞）先生新自豫来汴，该校特请其出席演说。

1925年5月10日第三张第十一版

华德博士在上大演讲·今日起共四天

华德博士,为美国著名之社会学者,此次来华,在北京、广东各大学均曾讲演,沪上各校亦多请往演讲。惟博士颇愿作一比较有系统的讲演,适上海大学亦以此为请,遂定今日起在该校接连演讲四天,对于社会科学及社会问题为有系统之讨论。讲演时间,今日至十三日(星期一至星期三)均下午四时至六时,十四日(星期四)则为上午九时至十一时。

1925年5月11日第三张第十版

上大追悼胡景翼

上海大學，前日（十日）下午在第二院舉行追悼胡笠僧先生大會，到會者三百餘人，二時振鈴開會，邵力子主席，報告開會宗旨，略謂本校巳定加入上海各團體聯合之追悼胡公大會，今日又先單獨舉行，一因胡公對於本校深表同情，今日諸君當思胡公幼年即有志為青年學生模範，屛除障礙、胡公幼年即有志於此、諸走筆萬方針、且以釁書與革命二者落合為一、故就今日之講演，他在幼年時，慎強權陵略、即費鷹日而射鷹之，此種精神很值得我們青年效法、三因上海方面對胡公約多誤解、吾人固反對軍閥、但同時亦需要有主義之革命軍人、胡公實為軍人之有主義、而又能實行主義者、今日特請深知胡公之周道腴先生詳述胡公潛行、使社會亦間接得眞確的聯識云、報告畢、全體起立向遺像行三鞠躬禮、次丁韻讀胡先生略傳、次周道腴先生講演略謂胡公以非常之人，威非常之功，半由天才、半由努力，天才難學、努力易學、胡公天

資甚高、記憶力極強、讀書過目成誦、與友人談亦久而不忘、十餘歲便奔走革命、實少贊書機會、後史漢各書、能對答如流、作數十行之函件、數巳加入上海各團體藝術之追悼胡、能對答如流、作數十行之函件、數分繕便成、早年中山先生及其他友朋之談話、至今皆尚記憶、此固出於天資、然亦由眼時手不釋卷、日記、胡又耐苦奮鬥、與將者最儉人、秦俗本尚武好士、故極團結親愛、重以胡愛才好士、故極團結親愛、書有愛子兵、今之陝軍則可稱兄弟兵、其能以少勝多、實由於此、胡又能忍辱負重、卒集大功、吾人今日欲救國者、應外侮、皆不能無兵、青年廢注意於此、胡又極愛捷教育、甫抵河南、卽籌定敎育基金獨立、豫省毎年三百六十餘萬、今確定敎育經費獨立、不以國家軍民長官所不能辦者、生平以國家主義為前提、不治家産、有人阻礙三民主義的人就必爭地盤、卻不然、我是以主義為地盤、有人阻礙三民主義之進行、我便要打他、此種精神最可為青年模範云、

上大追悼胡景翼

上海大学于前日（十日）下午在第二院举行追悼胡笠僧先生大会，到会者三百余人。二时振铃开会。邵力子主席，报告开会宗旨，略谓本校已定加入上海各团体筹备之追悼胡公大会。今日又先单独举行，一因胡公对于本校深表同情。二因胡公足为青年学生模范，今日诸君皆思打倒强权，屏［摒］除障碍，胡公幼年即有志于此，确定革命方针，且以读书与革命二者溶［融］合为一，成就今日之伟业，他在幼年时，愤强权侵略，即画鹰日而射击之，此种精神很值得我们青年效法。三因上海方面对胡公尚多误解，吾人固反对军阀，但同时亦需要有主义之革命军人，胡公实为军人之有主义、而又能实行主义者。今日特请深知胡公之周道腴先生详述胡公言行，使社会亦间接得真确的认识云。报告毕，全体起立向遗像行三鞠躬礼。次丁显读胡先生略传，周道腴先生讲演略谓胡公以非常之人、成非常之功，半由天才，半由努力，天才难学，努力易学。胡公天资甚高，记忆力极强，读书过目成诵，与友人谈亦久而不忘，十余岁便奔走革命，实少读书机会，然史汉各书，能对答如流，作数十行之函件，数分钟便成。早年中山先生及其他友朋之谈话，至今皆尚记忆。此固出于天资，然亦由暇时手不释卷及勤作日记。胡又耐苦奋斗，与将士共甘苦。秦俗本尚武善战，从军者多读书人，重以胡爱才好士，故极团结亲爱，昔有父子兵，今之陕军则可称兄弟兵，其能以少胜多，实由于此。胡又能忍辱负重，卒集大功。吾人今日欲救国难，御外侮，皆不能无兵，青年所应注意于此。胡又极爱护教育，甫抵河南，即确定教育基金独立，豫省岁入千余万，今确定教育经费每年三百六十余万，归教育厅等独立经营，此为全国军民长官所不能办者。生平以国家与主义为前提，不治家产，尝有言曰："现在有兵的人就要争地盘，我却不然。我是以主义为地盘，有人阻碍三民主义之进行，我便要打他。"此种精神最可为青年模范云。

1925年5月12日第三张第十版

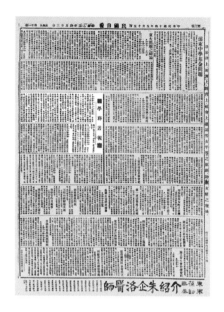

学务丛报·华德博士在上大演讲纪

华德博士在上海大学演讲，已志本报，演讲地点为第二院社会学系一年级教室，可容二百余人。博士演讲时，听者甚众，室内坐满外，门外尚立百余人。十一、十二两日正演讲时，大雨不止，门外立听者衣履尽湿亦不顾，此固听者之热心，亦可见讲者之足以动人矣。计博士在该校共讲四日，颇有系统，大概如下：人类行为之动机，有的是为金钱，有的为社会服务，就是为人类谋幸福，但是想达到为人类谋幸福的目的，先要除去为金钱的动机，因为这两种动机是相冲突的，前者不但障碍后者，妨害它的发展，并且减少人类的幸福，就是造成社会的不平等。为人类谋幸福这件事，要由全人类合作。想人类合作一种事情，必先使人类都立于平等地位，就是废除现在的经济制度。因为现在的经济制度，是为金钱的动机的结果，现在想废除现有的经济制度，使人类立于平等地位，先要把所有感受现在经济制度痛苦的人（被压迫阶级）联合起来，才能做到。因为现在享受经济制度特殊权利的人（压迫阶级），常常用很大的力量，维持这种制度。现在最要紧的事情，就是西方的无产阶级（被压迫阶级）应该和东方的弱小民族（被压迫阶级）联合起来，向他们（压迫阶级）进攻。

1925年5月15日第三张第十一版

学务丛报·上大平校成立学生会

本埠西摩路上海大学平民学校,五九国耻纪念会中,由学生提议组织学生会,推出筹备员十人。前晚(十六)七时在校开成立大会,到学生及教员约三百数十人,由学生叶仁芳主席,陶垂彰、王文祥书记。(一)振铃开会;(二)主席报告开会宗旨;(三)讨论章程;(四)选举职员,计当选正式委员者叶仁芳、姜则望、陶垂彰、黄凤祥、王金德、朱春心、姚月华、李崙元、汤金宝、魏志成等十人,候补委员马祥兴、朱云香、唐产根、郭性良、谈金文等五人;(五)演讲,由教员林钧、朱义权、丁显,学生黄凤祥、王金德等相继讲演;(六)余兴,有学生陶贤林、汤金宝之奏演国乐。至九时许始散。

1925年5月18日第三张第十一版

学务丛报·上大女同学委员会

上海大学女同学会委员会，昨日下午四时召集临时紧急会议，到者丁镜娟、李咏、刘剑冰、王秀清、黄胤、丁郁、张劲我、李镜蓉等八人。议决：（一）通电慰问北京受伤学生，及联络全国一致声讨章士钊。（二）派代表二人赴小沙渡慰问工友及参加同胞雪耻会，共同进行，并于二十四日全体会员赴浜北致祭被杀工友顾君正红，并送挽联。兹将该会电文录后：（一）北京大学学生会转北京五七受伤诸君鉴：北京政府甘与民为敌，致爱国志士，横遭惨祸，消息传来，谁不震怒。敝会同人誓当奋起力争，为诸君后援，并祈诸君暂节哀痛，善自珍摄。（下略）（二）各报馆转全国学生鉴：章士钊身兼法教两长，而摧残士林，草菅民命，一至于此，是可忍，孰不可忍。务望全国学生一致奋起，驱此人民恶口，誓不达目的不止。（下略）

1925年5月24日第三张第十一版

学生之哀呼·学生之紧急会议

学生方面得交涉员报告,开临时会议,到者有南洋代表李宣誉、上大陶月杰、复旦大学方超骥、同济袁文渊、亚东侯星白、复旦中学房苑林、法大胡长源、大厦朱作人、上海学生会刘一清、文生氏秦坤城等廿余人。议案如下:(一)立刻释放被捕学生及工人;(二)凶手抵命;(三)负责医治受伤学生。学生开会后,即赴交署请陈交涉员根据上项三例向领袖领事交,员允为尽力交涉。

1925年5月31日第三张第十版

受伤学生调查

上海大学学生何志愈，弹由背入，甚危。南洋大学学生陈虞卿，弹中腹肠穿洞，已由谢应瑞、蒋明卿、郑安之、易舒芬、张云鹤、陈澄诸医生，用手术缝补好。牛肉商谈金福，伤臂；同昌车行伙陈金发，伤腿；十四岁学生邬金萧，伤心；二十岁学生石某，伤腰；铜匠徐端鹤，伤足；胡长生，伤腿；福兴齐点心店伙蔡洪春，伤臀；船夫魏金定，伤肺，甚危；工人俞乃范，伤脚；其昌栈厨司邹百山，两膝骨弹炸碎；成衣匠王纪福，腿骨碎；天利洋行伙钱石山，伤臀；华洋德律风公司接线生唐良生，弹伤膀胱；宁波同乡会陈富才，伤右腿；林荫路振兴里三十三号陈锐梅，弹由背入；昆明路十二号范章保，伤左肩；同济学生易州贤，伤右肺，均甚重。红十字会亦有三人，学生石志英，寓口路仁寿里八号，伤腹部；劳合路新顺庆里二十一号乔治英，伤足；香山路宝顺里八十二号马采均，伤足。宝隆医院亦有一人，系同济学生，陈姓，弹中头，甚危。

1925 年 5 月 31 日第三张第十版

上海大学通告

本大学现暂借华界西门方浜桥勤业女子师范为临时办事处,并定于五号在办事处开教职员会,六号下午一点钟在小西门少年宣讲团(由五路电车尽头乘华商高昌庙、小东门电车直达本处)开教职员学生全校大会,讨论一切处理方法。特此通告。

1925年6月5日第一张第一版

上海大学学生会启事

敝校于昨日(四)突被捕房武力解散,敝会不得已,暂移至西门沪军营亚东医科大学赓继办事。各团体如有重要文件,请径寄该处。诸同学未离沪者,请速至该处接洽一切,以利进行。

1925年6月5日第一张第一版

《民国日报》中的 上海大学 (1922—1927)

▲南京路上之牺牲者

何念慈遗像

何爱棠年念慈、四川人、现年二十三岁、初肄业于川中某中学、毕业后入成都工专肄业一年、前岁始来沪、初入大夏大学、嗣转入上海大学社会学系、为人忠诚勇毅、朋友爱之、

（二）上海大学昨日被散解

学生被驱出校……由美水兵驻守

此次南京路惨杀案件、本埠西家渡及上海大学学生何念慈、亦受伤陨命、该校昨日下午一时许、有万国商团及海军陆战队约计六十馀名、武装至该校、将学生驱逐出校、当由该团派员在门口把守、该校对门之当铺里门前、亦有陆战队二名站立、该校学生已全体他徙、

△学生教职员之会议、本埠上海大学自昨日被英捕房搜查占领后、该学生为分投各友处借住、兹闻该校现已设临时办事处於西门方斜桥勤业女子师范学校、并据通告该校教职员学生、定於五日下午一时在小西门少年宣讲团（五路电车蜜蜂华商处开会、六月四日午後）召集全体大会、讨论一切救校方法、
高昌庙或小东门电车宜迟）

△大晚报云、昨日七午十时许、西家渡上海大学正在中开售委员会、突来外国海军陆战队百数十人、围住该校舍及宿舍、搜查约多时、搜去学生委员会下令禁止学生出入、当时拘去该书记韩初张士珣二人旋即放归、後全体学生为免战队所围、不得携带物件、该教务长韩觉民即召集教职员学生等在西门某处商讨一切、一面并向工部局抗议、
口架设机枪、捕去数人、蒋学生一律驱出、由美国水兵驻守、直入上大、将学生箱笼衣物、均散抛弃於地、书籍报章、则撕带而去、凡学生仅所有物件、移往他处、不得迟回、該校学生乃将随被搜逼出十分钟内、将所有去者、亦本幸免、十一时快、商捕乃分乘汽车面去、另由海军陆战队、佔领该校及校过时应里一带、闭该校现已一团报告交涉员人家住有学生者、亦有不及取去者、至该校附中及大学第二院、固已运遣搜查、即时驱里擦出抗议、迅速散策、恢復学校、一面促请该校常年法律顾问、向捕房暗图

244

上海大学昨日被散解·学生被驱出校，由美水兵驻守

此次南京路惨杀案件，本埠西摩路上海大学学生何念慈，亦受伤毙命。昨日下午一时许，有万国商团及海军陆战队约计六十余名，武装至该校将学生驱逐出校，当由该团派员在门口守。该校对门之时应里门前，亦有陆战队二名站立，该校学生已全体他徙。

学生教职员之会议　本埠上海大学自昨日被英捕房搜查占领后，该校学生均分投戚友处借住，兹闻该校现已设临时办事处于西门方浜桥勤业女子师范学校，并登报通告该校教职员学生，定于五日下午一时在该办事处开教职员会，六日下午一时在小西门少年宣讲团（五路电车尽头乘华商高昌庙或小东门电车直达）召集全体大会，讨论一切处理方法。

东南社云，昨日上午十时许，西摩路上海大学正在校中开学生委员会，突来外国海军陆战队百数十人，围住该校校舍及宿舍，搜索多时，携去学生委员会之函件、调查表及宣言等物，其余损失，无确数可计。旋陆战队下令禁止学生出入，当时拘去该校书记韩阳初、张士韵二人旋即放出。后全体学生为陆战队所驱，不准携带物件。该校教务长韩觉民即召集教职员、学生等在西门某处开讨论会，一面并向工部抗议。

大晚报云，今晨有探捕暨外国商团八十六人，围上海大学，在其大门口架设机关枪，捕去数人，将学生一律驱出，由美国水兵驻守。

远东社云，日昨上午十时许，西摩路突来西捕一百余名，将上海大学之时应总里及西摩路口南洋路一带团团围住，由西捕头率领西捕多人，直入上大，将学生驱至宿舍外空场中，次第搜检身体，搜毕，复入宿舍搜查，举凡学生箱笼衣物，均被抛弃于地，书籍报章，则携带而去，并限学生于十分钟内将所有物件移往他处，不得逗留。该校学生乃将铺被等物取出，亦有不及取去者。至该校附中及大学第一、二院，固已遍遭搜查，即时应里人家住有学生者，亦未幸免。十一时后，西捕乃分乘汽车而去，另由海军陆战队，占据该校及梭巡时应里一带。闻该校现已一面报告交涉署，请为提出抗议，迅速撤军，恢复学校；一面拟请常年法律顾问向捕房诘问。

1925年6月5日第二张第五版

于右任论"五卅"案

三日北京通信上海惨杀案发生后,于右任氏对于本案发表意见云:近日上海青岛皆起工潮,青岛惨杀工人、上海则非殁及学生,此实我全国同胞应共同抗争之一大问题。中华民族消长、国民人格存亡,于此决之。按我国工业幼稚,外国资本在我境殴场,其待遇工人,全不采现代各国通行之主义,求售视为平等不人类,而近来物价昂贵,工人得资不足赡养,壁求苟安于最小限度之生活而不可得,故劳资之争,万事实上不得已之事。正如十八世纪欧美之劳动运动争政权争工业管理权者可比,更与任何派别社会主义之社会改造运动关系绝少,乃不幸旅华外人未加详察,而一部分资本家每为

拥护私利打破工人正当要求之计,勒辄险以共产,目为赤化,利用彼际间之斗争,而使我顺连无告之工界同胞,绝其呼题生存之路,事之不平,莫逾于是,况近更变本加厉,弃彼生命,青岛军队竟枪杀工人多命,上海则租界捕房对于请愿之学生,竟开枪惨毙,死伤十余人,时非戒严,案非军事,来者为徒手学生,目的为请愿释四、以其勤机论,学生扶助工人,亦为人类互助应有之事,无罪可言,以其手段论,则游行请愿,因不能加害於捕房,试问租界捕房,理由,按何权限,有何必要,而能开枪杀人乎、上海此案、践踏人道,为世界稀有之暴举、是以我国民必须诉诸世界舆论,求澈底之伸雪,想凡主持正义之各国人,亦必能同情於我也。

于右任论"五卅"案

三日北京通信上海惨杀案发生后,于右任氏对于本案发表意见云:近日上海、青岛皆起工潮,青岛惨杀工人,上海则并殃及学生,此实我全国同胞应共同抗争之一大问题,中华民族消长,国民人格存长,于此决之。按我国工业幼稚,外国资本家在我境设场,其待遇工人,全不采现代各国通行之主义,未尝视为平等之人类。而近年物价昂贵,工人得资不足赡养,虽求苟安于最小限度之生活而不可得,故劳资之争,乃事实上不得已之事。正如十八世纪欧洲工业革命初期情形,并非现代欧美之劳动运动争政权、争工业管理权者可比,更与任何派别社会主义之社会改造运动关系绝少。乃不幸旅华外人未加详察,而一部分资本家每为拥护私利打破工人正当要求之计,动辄谥以共产、目为赤化,利用国际间之斗争,而使我颠连无告之工界同胞,绝其呼吁生存之路。事之不平,宁逾于是?况近更变本加厉,弁髦生命,青岛军队竟枪杀工人多命,上海则租界捕房对于请愿之学生,竟开枪轰击,死伤十余人。时非戒严,案非军事,来者为徒手学生,目的为请愿释囚。以其动机论,学生扶助工人,亦为人类互助应有之事,无罪可言;以其手段论,则游行请愿,固不能加害于捕房,试问租界捕房,准何理由,据何权限,有何必要,而能开枪杀人乎?上海此案,蹂躏人道,为世界稀有之暴举,是以我国民必须诉诸世界舆论,求彻底之伸[申]雪,想凡主持正义之各国人,亦必能同情于我也。

1925年6月6日第一张第三版

《民国日报》中的上海大学（1922—1927）

上海大学集议善后

　　上海大学被难学生，于昨日下午二时，假小西门少年宣讲团开会，该校教职员亦参加，计到百六十余人。由校长于右任主席，宣布开会词。略谓本校此次虽遭解散，然并不以兹灰心，除讨论善后事宜外，且将从事于进展计画［划］云云。次由职员韩觉民、学生贺威圣相继报告，被迫解散之经过，及前日开会之情形。次经议决组织一上大临时委员会，由教职员方面推出三人，学生方面推出四人为委员，计当选者有施存统、韩觉民、侯绍裘、秦治安、韩步先、朱义权、贺威圣等七人。并经议决住校学生，由学校代觅膳宿场所，通学生则学生自办。至四时许散会。

1925年6月7日第二张第五版

上海大学学生会启事

本会现已迁入西门方斜路东安里十八号办事,所有以前暂假之沪军营亚东医校临时办事处即日取消,各同学暨各界如有投寄函件或接洽事务,请直来本处可也。

上海大学学生会启

1925年6月8日第一张第一版

上海大学通告

本大学现已租定西门方斜路新东安里临时校舍,凡关本大学事件,均请直向本处接洽。

1925年6月8日第一张第一版

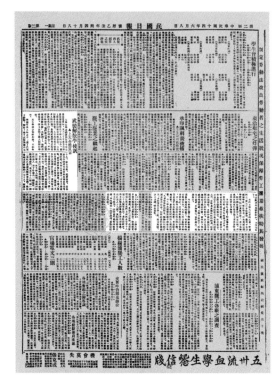

上大已租定临时校舍

上海大学自被英捕房武力解散后,即经假定临时办事处,各节已志前报。兹悉该校现已租定西门方斜路东安里十八号、二十九号等房屋为临时校舍,所有教职员办事处及学生办事处,统已迁入十八号,其余房屋即居住男女寄宿生。并闻西门艺术师范学校,亦允腾出一部分房屋,暂假该校居住学生。

1925年6月8日第二张第二版

武装解散学校讯·上大全体宣言

上海大学全体教职员学生昨日发出宣言云：五月三十日南京路捕房借端枪杀学生十余人的事件，为上海有租界以来未有的惨剧，即使以后各日事实上不再有每日惨杀多人的行为，也够使我们对于英租界的毒辣手段十分地寒心了。不料连日的惨杀，他们还以为未足，必要进而调动兵队。兵队到了，他们借端搜查，便又占领了国人创办的学校。

本大学被占领的经过，大约如次：

四号早晨九时左右，来了汽车十余辆，随即下来了武装英捕六七十人，脸色凶狠，说要搜查，当即将本学校所有住校的教职员、学生唤到校庭，叫都高扬两手，有举手稍缓的，便用双拳蛮打头、胸部，有几人当即身受重伤。人身搜查一无所得，又各令人领到自己房中。其时恰又来了荷枪实

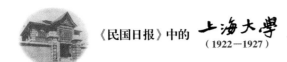

弹的海军六七十人,便一并带枪持刀,押着进房,翻箱倒箧,无所不至。他们又不认识中华文字,见有未订讲义便都认作五卅传单,强行夺去,更不听人说明。最后并限在校诸人,于十分钟内一体离校,不得再进校门。至正午十二时,第一、第二两院已尽被英国海军占领,学生当时不在校的约六七十人,便连日用衣服、夜具也被截在内,不得领取了。

我们不解英租界的此举,究属何意?还是南京路惨杀,还觉不足以威吓学界、侮辱学界,因此进而占领学校呢?抑以为罢市、罢工并不足论,而所谓强权者却又就是公理,因此调兵来和罢市、罢工者挑衅,强占学校作驻军的呢?

本大学此次除了和其他各校取一致的行动,尽平均的微力之外,自惭并未有何特殊的贡献;以前本大学也除主张学术独立、思想自由,不为官学式地限制,自由正当的研究之外,自惭也并无如何的特异。即所搜去的书报,也系中、俄、法、德、英、日各国公然发行的印刷品,决不足为传播特殊主义的证据。前次所下判决只怵于淫威,不得不忍受了,何知英、日淫威,有加无已,我们到此,那堪再忍!

本大学现已到了转换忍受态度为奋斗态度的时候了,对于中外特行郑重申明:凡本大学以前所受的搜查判决,全系恃势压伏反乎实情。本大学所主张的打倒帝国主义,完全基于自由思想结果、民族图存的必需,并非受任何特殊主义的影响。本大学永远认强权不就是公理,凡为学术思想起见,无论如何的淫威来压迫自由,如何的黑暗侵袭独立,断然师生合作一起,努力与抗,决不退让。特此宣告。

1925 年 6 月 8 日第二张第二版

于右任论五卅事件

▲非空言辨法能了

民党钜子于右任氏前日已涵上海、有人特造其寓所、询其对此次上海事件之意见、于氏云、于在河南时、即闻上海五卅事件、一到上海、即闻上海大学被封、上海大学前曾服从租界当局搜查、皆警局所得界当局搜查、上海大学为最者、大致不外嗾妬中国民众之兴盛、此次上海五卅当学术团体之兴盛、此次上海五卅事起、全国一致反抗带国主义者之侵略举行、租界当局即以过激为藉口、既陷全国民众于陷路上海大学、据学生报告、当外兵闯入搜查、在学生寝室搜查衣服包裹时、偶见书中马克思遗像中有炸弹也、手颤不已、盖疑中有炸弹也、偶见害中肋骨、及搜查额相片之插图即惧如刺骨、及搜查额所得、即误认为教科书为爆勋文字、面谓载而去、然日本报纸登出情形则开查出证据、是盖因工部局西人不知华文、日人略能阅读为人翻译、见有陈独秀施存统等名字、即指其为党首矣、谁料该前日报载、尚有英国驻华公使在英国国会宣告、而介绍副共产党、在英国舆论大会公开、刘凤言在英国舆论大会公开、而民谓其意见、诩国人对于此次风潮、最低度而亦最重要之要求、在获得工人学生及各团体有在租界发言行动及宣传之极端自由、若此始尾表示中国人向有趣分主人之权、遣意愿因郢会合法所能了

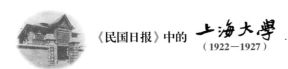

于右任论五卅事件·非空言办法能了

民党巨子于右任氏前日已到上海,有人特造其寓所,询其对此次上海事件之意见。于氏云:予在河南时即闻上海五卅事件,一到上海,即闻上海大学被封。上海大学前曾屡被租界当局搜查,皆无所得,租界当局之所以独与上海大学为难者,大致不外嫉妒中国国民运动之发展,及正当学术团体之兴盛。此次上海五卅事起,全国一致反抗帝国主义者之侵略暴行,租界当局即以过激为藉[借]口,诬陷全国民众并诬陷上海大学。据学生报告,当外兵闯入搜查,在学生寝室搜查衣服、包裹时,手颤不已,盖疑中有炸弹也。偶见书中马克思相片之插图即恨如刺骨,及搜查无所得,则误认讲义、教科书为煽动文字而满载而去。然日本报纸登出情形则谓查出证据,是盖因工部局西人不知华文,日人略能阅读为人翻译,见有陈独秀、施存统等名字,即指为共产党证据。据前日报载,尚有英国共产党在英国开大会之消息,即令真属共产党,在英国尚能公开,而在中国则用此名义到处污蔑,英租界当局其何以自解?于氏最后又对记者谈及此次风潮之解决方法。于氏述其意见,谓国人对于此次风潮,最低度而亦最重要之要求,在获得工人、学生及各团体有在租界发言、行动及宣传之各种自由,若此始足表示中国人尚有几分主人之权,决非道歉、惩凶等空言办法所能了结。

1925年6月9日第二张第一版

上大呈交涉使文

上海大學校長于右任為英捕解散該校事、特致函交涉員請其嚴重交涉、原函云、逕啟者、頃據敝校行政委員會暨學生會代表面稱、本月四日上午九時許、突來中西探捕及荷鎗實彈之英兵一大隊、約百餘人、將敝校包圍、強令員生等排列、高舉兩臂、不許稍動、有詢來意、非持手鎗面作欲擊狀、即被拳足交施、至再至三、復侵入校內外男女生宿舍、破毀各人之箱籠、已乃勒令寄宿員生百餘人、十分鐘內、一律出校、遂則鎗斃、繼又將職員韓陽初捕去、拘留三小時、始行釋出、按該英兵等闖入搜查時、學生見其每檢一物或一書、手輒戰慄、未知何故、旋

該英兵等遂將敝校全部占領、此實時敝校被侵害經過之實情也、因思敝校學生素守秩序、絕無軌外行動、詎可任意搜捕、不法佔領、侵害人之身體住居自由、似此強暴、逞於極點、公理法律何存、試使相率效尤、尚復成何世界、查敝校秘遊經營、所費不貲、今無故發英兵等恣意踐躪、侵入駐紮、有形之損失固屬不少、而邊美之校譽、亦被破壞殆盡、試問該英兵等究奉何人命令、而發令者究根據何項法律、如此橫橫、中外罕見、除損失礦數、俟該英兵退去、始可調查再行續報、所有敝校橫被該英兵等強佔情形、理合先行追切報告、請求執事速向該當事嚴重交涉、立飭將該兵等撤退、賠償敝校一切損失、並向敝校登報道歉、以申公礑衛維主權、是為至盼、

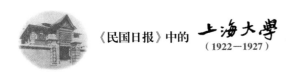

上大呈交涉使文

上海大学校长于右任为西捕解散该校事,特致函交涉员请其严重交涉。原函云:

径启者:顷据敝校行政委员会暨学生会代表面称,本月四日上午九时许,突来中西探捕及荷枪实弹之英兵一大队,约百余人,将敝校包围,强令员生等排列,高举两臂,不许稍动。有询来意,非持手枪迎面作欲击状,即被拳足交施,旋向各人身畔,逐一检查,至再至三。复侵入校内外男女生宿舍,破毁各人之箱笼,已乃勒令寄宿员生百余人,十分钟内,一律出校,违则枪毙。续又将职员韩阳初捕去,拘留三小时,始行释出。按该英兵等闯入搜查时,学生见其每检一物或一书,手辄战栗,未知何故,旋该英兵等遂将敝校全部占领。此当时敝校被侵害经过之实情也。因思敝校学生素守秩序,绝无轨外行动,讵可任意搜捕,不法占领?侵害人之身体住居自由,似此强暴,达于极点,公理、法律何存?试使相率效尤,尚复成何世界?查敝校缔造经营,所费不赀,今无故被英兵等恣意蹂躏,侵入驻扎,有形之损失固属不少,而优美之校誉,亦被破坏殆尽。试问该英兵等究奉何人命令,而发命令者究根据何项法律?如此蛮横,中外罕见。除损失确数,俟该英兵等退去,始可调查再行续请要求赔偿损失应暂保留外,所有敝校横被该英兵等强占情形,理合先行迫切报告,请求执事速向该加害之当事严重交涉,立饬将该兵等撤退,赔偿敝校一切损失,并向敝校登报道歉,以申公理而维主权,是为至盼。

1925年6月11日第二张第三版

上海大学各系班同学均[钧]鉴

吾校不幸横遭解散,数日以来报到同学虽已不少,然尚有不知下落者多人。现在本会调查股已着手精密调查,深恐耳目未周,传闻不一,容特登报通告:本吾同学务请速来本会报到,并填写调查表。其有已经回家或因事他往者,亦望赶紧来函通知,毋任盼幸。未[本]会地址:上海西门方斜路东安里十八号。

上海大学学生会白

1925年6月12日第一张第一版

《民国日报》中的 上海大学 (1922—1927)

被封后之上大学生

　　昨日（十一日）下午二时，各界在公体育场开国民大会，上海大学学生二百余人，于一时许即到会。游行时，沿途散发传单宣言，其激昂勇奋之精神，较前尤为焕发。又闻该校建筑校舍事，其已有把握，一月后，即可在闸北宋园实行动工。

1925年6月12日第二张第四版

上海大学学生会紧要通告

今因校舍问题须全体同学共同讨论，特定于本星期日（十四日）上午九时开全体大会，凡我同学届时务各莅会为盼。会场在西门方浜桥勤业女子师范。

1925年6月13日第一张第一版

《民国日报》中的 上海大学 (1922—1927)

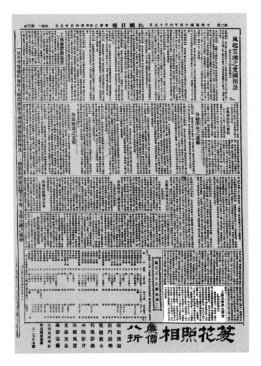

上海大学学生会开会·筹款建筑新校舍

此次沪案发生,西摩路上海大学,首被万国商团解散,但该校学生、教员仍继续奋斗,并觅定宋园为该校最新校地基,刻已计画[划]妥当,决于近募捐建筑新校舍。昨日(十四)上午八时该校全体学生假勤业女子师范开大会,会议结果,一致通过:(一)即日由教员与学生双方举出九人,组织募捐委员会。(二)全体学生负责募捐,每人至少廿元。(三)每省学生举定队长,督促进行。(四)先建筑五十亩两层中式房,并建筑能容千余人之大礼堂。又该校同学,于暑期决不离沪,以便与各界力争沪案最后之胜利。又该校校长于右任已允于一月内捐出两万元,并赴各地募集巨款汇沪。该新校舍可于三月内告竣。

1925年6月15日第二张第三版

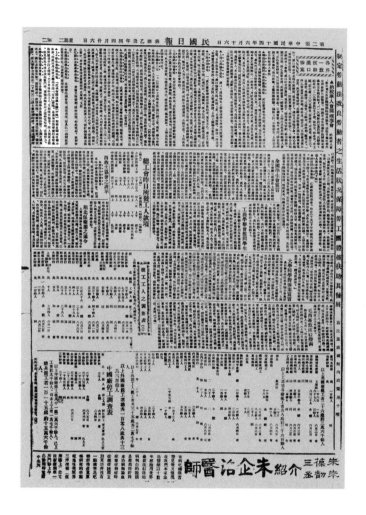

各界一致援助汉口惨案·上大学生会唁汉案电

近来帝国主义各国（中略）对于自国或各弱小民族，到处采用强烈之压迫手段，"五卅"惨案，是其对于吾华实行是项最严厉压迫手段之开端，尤日贵埠学生工人，又被残杀无算，同人惊痛之余，益见吾民今后舍拼死奋斗外，实无其他自存之道。特电唁慰，并望努力。

1925年6月16日第二张第二版

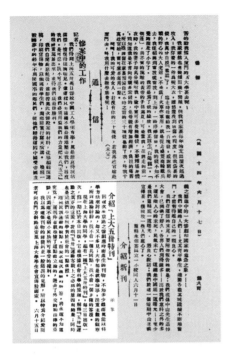

介绍《上大五卅特刊》（示羊）

因这次南京路之惨剧应时而产生的刊物，不知多少，然而真能以科学方法来讨论的，却又不多见；大半都是就事论事，注重主观的观察，所以议论纷纷，找不着一个共同点，找不着一个正确的答复。

现在上海大学的同学，编有一种《上大五卅特刊》，每三日出版一次，第一期已于本日出版。它是根据社会科学的原理，解释"五卅"运动之真正的意义，说明"五卅"运动客观上之必然的原因与结果；同时也是将他们平素所学对于社会的一点贡献。

离开民族运动的观点，而要求这次运动的解答，将永远不知道究竟。这刊件也就根据了这点而立论的，避去了外交的和法律的空谈，因为这不是弱小民族所可享受的权利。

我以为这个刊物的确能纠正一般错误的见解，所以特为介绍，爱阅者可向西门方斜路东安里上海大学学生会宣传股函索。

六月十五日

1925年6月17日

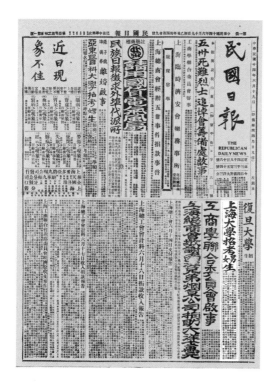

上海大学招考男女生

（一）年级与资格：（甲）大学部中国文学系、英文学系、社会学系：一年级新生，须有中学文凭；二、三年级插班生，并须有相当学校转学证书。（乙）附属中学部高级中学班、初级中学班：一年级新生，二、三年级插班生。

（二）考期：第一次：阳历七月十五日上午九时起，连试二天。午膳由本校供给。

（三）考试科目：详载"投考简章"，有志投考者可以索阅。函索者附邮票二分，并须注明投考大学部或中学部。

（四）投考手续：具最近四寸半身照片一张、试验费二元，携带文凭或证书，于七月十三日前至西门方斜路东安里本校报名处报名。倘通函报名者，可先期函索报名。

校长于右任

1925年6月19日第一张第一版

罢课中之各学校·上海大学

上海大学自西摩路校舍被英兵解散后,该校即在方斜路租定临时校舍,各种事务,仍继续进行不懈。关于建筑新校舍事,已组有建筑委员会,计划此事。现定先建教室及办公室,以期在暑假后,开学不致误期。该校学生会近日对于各种事务,进行甚力,所出版之《上大五卅特刊》第二期已于本日出版。又该校中学部学生会因鉴于自被解散以来,师生间未曾相聚一次,特于昨日下午三时在临时校舍开谈话会,关于本学期结束及下学期进行计划,均有所讨论。

1925年6月23日第二张第三版

罢课中之各学校·上海大学

上海大学学生会临时委员会昨为筹议暑期中会务进行起见，特开全体委员会。议决就原有委员会办法，略加改变，当场推定朱义权、韩步先、吴稽天、陶维、彭习梅、郭肇唐、方山、吕全贞、方卓、江仕祥、姚天羽、张崇德、马凌山、蔡鸿烈等十四人，为暑期中负责专员，其余各原有委员，仍可到会襄助一切。又因近来外交形势日趋险恶，国民对于政府外交进行，非切实监督不可，决定加入沪上各团体所发起之外交监督会。

1925年6月24日第二张第二版

《民国日报》中的上海大学(1922—1927)

各界奋起援助沙面惨案·上大学生会电

该学生会电革命政府云：广州革命政府鉴：噩耗传来，全埠震动，希速与帝国主义者作最后之抗争。慨自沪案发生，全国民众，敌忾同深，势不可侮，亟宜导其团结实力，作解除积年压迫之企图。我革命政府，素以打倒帝国主义为职志，义旗首举，行见举国民军，环起响应。即全世界被压迫之民族，亦必乘机崛起，以为声援，吾中国垂毙之国命，其将从此昭苏乎？迫切陈词，敬希立断。

上海大学学生会叩径

1925年6月26日第二张第二版

上海大学近讯

上海大学,自被英军解散后,一部份[分]同学不得已先自回里,从事内地宣传。现在该校学生会临时委员会以上海学生联合会前日有各校回家学生,应由各该校去函召回之,决议已发专函召回家同学一律来沪矣。又该校学生会所出版之《上大五卅特刊》,颇为各界欢迎,现第二期已出版,除由该会宣传股广为容发外,连日各处去函案[索]章程者日形发达。

1925年6月27日第二张第三版

学务丛报·上大教职员自动减薪

上海大学教职员,因该校此次被美水兵占据校舍,损失甚大,七月一日下午二时假座辣斐德路艺术师范大学开全体大会,决定将六、七两月薪减扣,以维持学校,由自己认定一成至十成均可,并有多人自认减扣十成。

1925年7月2日第二张第二版

学务丛报·上海大学

上海大学自西摩路校舍被外兵占领以后,即经组织校舍建筑委员会与募捐委员会,冀于最短时期募款十二万元,赶建校舍于上海市外之宋园。兹由募捐委员会议决,由该校同学分任募捐,并依各省同学人数之多寡,举队长一人以上,负督促之责,每人募款以二十元为最低限度,募得百元以上给予特别纪念品。现募捐册已印就,该校同学在上海者,从今日起自往该校办事处领取捐册开始募捐。

1925年7月4日第二张第二版

上海大学开始募集建筑费

本会现定于七月五日开始募集校舍建筑经费,经募捐款者一律持有本会制定之四联捐册,捐款均由上海银行代收。特此声明。

上海大学建筑校舍募捐委员会

1925年7月5日第一张第二版

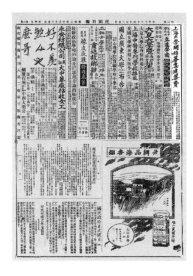

上海大学通告

本校捐册早已印就,现已开始募捐。凡在上海之各学生务须从速到本校临时办事处领取为要。

1925年7月12日第一张第一版

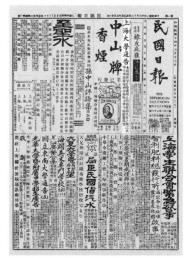

何烈士治丧消息

"五卅"死难烈士何秉彝遗体,现尚停在南码头救生局,上海大学彭县同乡会、上大学生会合组之治丧委员会,昨日午后开第三次委员会,讨论安置遗体事项:(一)何君遗体决于最短期中暂为移置于四川会馆,并于迁移之日举行公祭。(二)成都外交后援会迭次来电,要求将何君遗体移回四川公葬,该会以未得死者家属同意,未便遽允,决函复并通知死者家属,由两方协商定夺。(三)募捐委员,刻尚未将捐款捐册收齐,决由委员与庶务员赶速结束,缮造清册。(四)岳维峻汇款千元,交上海学生联合会作为抚恤死难各校学生之用,曾派代表前去领取,学联会未予拨发,拟再函学联会请求发给。

1925年7月13日第二张第一版

上海大学通告

本校因在宋园建筑校舍,开工在即,特于昨日迁至闸北中兴路德润坊。嗣后如有事接洽者,请来该处为要。至本校学生会仍在原处。

1925年7月17日第一张第二版

电贺国民政府·上大学生会电

广州国民政府诸委员、诸将领公鉴：际此帝国主义之势力，加紧压迫我民族之时，而我国民政府，已战胜四围妖魔，正式成立。从此政基既固，展发益宏，四万万被压迫民族，皆将出水火而登衽席矣。还望诸公益加努力，务照孙先生手订之建国大纲暨第一届全国代表大会宣言，切实履行。最近对于惨案交涉，尤望坚决进行，誓达废除一切不平等条约之目的。临电不胜祷祝之至。

上海大学学生会啸

1925年7月19日第二张第一版

各学校消息汇纪·上海大学

自六月四日为英捕房将西摩路校舍占领后,校长员生决定自建校舍于闸北宋园。日来积极进行不遗余力,预计该校新校舍于开学前可以一部分完成。该校于十五、六两日假艺术大学举行第一此[次]新生试验,与考者甚形踊跃,结果共取录六十人,已于今日在《民国日报》揭晓,其录取诸生均须于八月十五日以前往闸北中兴路德润里该校新迁临时办事处领取入学证,并闻该校将继续招生云。

1925 年 7 月 19 日第二张第二版

上海大学录取新生布告

中国文学系一年级（正式生）：马翼云、郑仲谟、苏义、洪业、张立诚、王持政、罗惠嘉、高瞻；（试读生）：胡光铨、柯秀东；（特别生）：陈昆锜、柯秀文、柯树荣、尹鲁眉、刘希吾。

英文学系二年级（正式生）：胡利锋；（试读生）：金基镇；（特别生）：刘后才。一年级（正式生）：董侃；（试读生）：王天任；（特别生）：毕仰袁、杨习保。

社会学系三年级（正式生）：尹何均。（特别生或二年级正式生）：李煜灵。二年级（试读生）：蒋昆、雷兴政；（特别生或一年级正式生）：詹正圣。三年级（正式生）：顾作霖、李德馨、石游、周笙竺、吴振鹏、吴钟莹、傅玉山、秦代宁、崔桓济、崔铉、徐世义、孙金鉴、盛联龙、曹国瑞、蒋一生、陈荫农、黄公藩、胡启沧、曹国滨；（试读生）：钟梦侠、郭点蛟、张文裴、高国林、周传业、杨先泽、王述镇、梁瑞生。

中学部高中三年级：俞昌准。一年级：林润民。初中三年级：朱宪英、吴广胜。一年级：郑忠轼、贺绍贤。

以上录取各生均需于八月十五日以前来闸北中兴路德润坊本大学临时办事处报到取入学证，如有缺交相片者亦需带来补交。

上海大学学务处布

1925年7月20日第一张第二版

《民国日报》中的 上海大学 (1922—1927)

夏令讲演会茶话会·明日开课

上海学生联合会夏令讲演会,定本月二十日开课。现闻该会各委员为谋办理益臻完善起见,特于昨日午后假座霞飞路仁和里新民公司,请各讲师及指导员莅临开茶话会,指导一切。到会者除该会各委员外,有郭沫若、倪端、曹梁厦、郭卫、李熙谋、王岫庐等。三时开会,先由主席朱义权报告,复由学务员刘荣简报告关于课程编制暨各种学务情形。即由讲师王岫庐发表意见,谓兄弟对于青年学生勇往直前之精神,及贵会各方面设施均甚完善,俱深佩服,惟兄弟意见,各讲师对于所讲问题,应对听讲员多介绍参看书籍。又课程上应添讲国际公法及关于世界大事概观诸课目,并即介绍陈霆锐、吴经熊等担任讲师。继由曹梁厦、李熙谋诸指导员先后发表意见,互相讨论。至五点余钟乃由主席略致谢辞,遂宣告散会。

1925 年 7 月 20 日第二张第二版

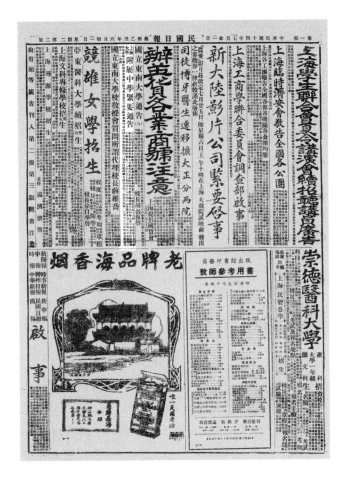

上海大学附属中学紧要通告

五卅惨案发生后,各地学生因爱国运动被学校当局大批开除者甚多,本校一月来接叠各方失学学生来函多起,或用个人名义,或用某某离校学生团名义,要求免试转学。近复有南通、南陵等处数中学校被迫离校学生一二百人托人来校接洽,本校对于此辈横遭压迫之爱国青年表深切之同情。业经召集校务委员会议决,扩充学额,并定有特别转学章程,可函向闸北中兴路德润坊八号本校临时办公处或老靶子路福生路第二代用女中索取。特此登报通告,恕不一一作复。

1925 年 7 月 21 日第一张第二版

《民国日报》中的 上海大学（1922—1927）

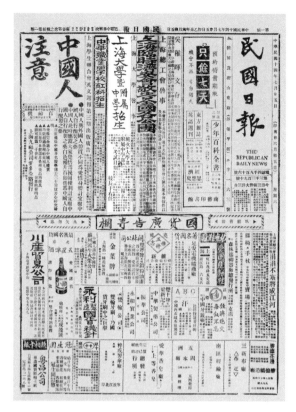

上海大学暨附属中学招生

（一）班次：（甲）大学部文艺院中国文学系、英国文学系及社会科学院社会学系：一年级新生，二、三年级插班生。（乙）附属中学部高中及初中：一年级新生，二、三年级插班生。（二）报名：随带最近四寸半身照片、试验费二元及毕业文凭或证书，于八月念八日以前，向上海闸北中兴路德润坊本校报名处报名。（三）考试日期：九月一、二日连试两日。（四）考试科目、投考手续及其他均详载招考简章。函索简章附邮票二分。

校长于右任

1925年7月25日第一张第一版

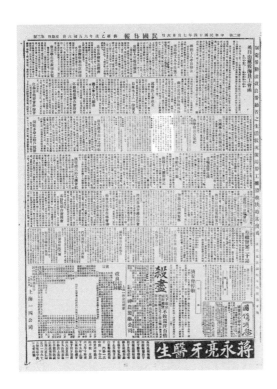

上海大学

建筑校舍事进行极力,据闻该校募捐委员会报告近日该校一部分教职员、学生继续缴往上海银行之捐款,超过该校原定教职员每人募捐二百元、学生每人募捐二十元之标准,而建筑委员会报告该校之校舍精细图样,已由凯泰建筑公司制成审查通过,各营造公司投标者异常踊跃,不日开标,即可动工一切进行均极顺利,故前途甚可乐观。

1925年7月26日第二张第二版

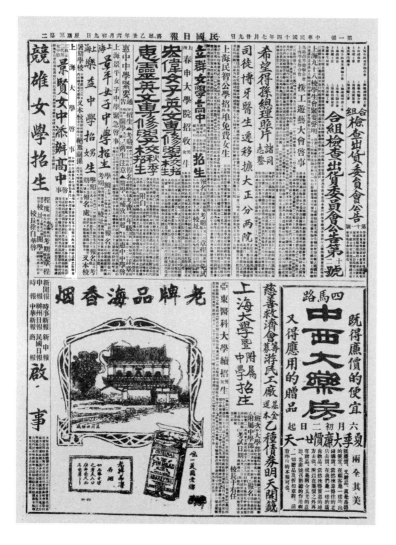

上海大学启事

本校行政委员会已通过上海学生联合会请求宽予收容因此次风潮而退学之教会学校学生之议案。凡属该类学生,一经证实,即与免考收录。

校长于右任

1925年7月29日第一张第二版

夏令讲演会消息

上海学生联合会夏令讲演会，因联络感情、砥砺学行起见，曾于日前组织同学会。兹闻该会于昨下午一时开第一次委员会，到者有朱家俤、程源希、杨达等八人，朱家俤主席。其开会顺序：（一）主席及筹备委员报告；（二）互推朱义权、朱家俤为总务，刘荣简为文书，沈至精为会计，王克全为庶务，杨达、梅中林为研究委员会，郭肇庆、程源希为同乐委员；（三）每星期开讨论会三次，根据讲师所讲各项问题自由提出讨论，并请杨杏佛、杨贤江、施存统、恽代英、董亦湘等各讲师为指导；（四）对南京和记洋行惨案，决发电声援。并闻该会已决定第一次讨论问题，为：（一）国际联盟与被压迫国际联盟；（二）恋爱与金钱；（三）中国有废除不平等条约之可能否云。

1925年8月5日第三张第二版

上海大学

　　自被捕房压迫后，该校内部力加扩充，除进行校舍建筑等物质方面之建设外，尤竭力于教授人材之罗致。闻该校除原任教授稍变更外，又新聘定国内外知名学者如金仲文、周由廑、沈祎、李季、陶希圣、戴季陶、瞿秋白、杨杏佛、邵元冲、张凯荫、李守常等十余人为教授及特别讲师。

1925年8月7日第三张第二版

各学校消息汇纪·上大附中

本期起高中设文学社会科。该附中因容纳各地教会学校学生之要求,特增设特别转学生,学额一百六十名,近日是项转学生报名者,颇为踊跃。主任侯绍裘,对于聘请教师,极为注意,兹悉各级教员业已完全聘定,其重要者如周天僇、张作人、钟百庸、朱复、韩觉民、沈观澜、徐文台、黄鸣祥、朱义权、黄正安、高尔柏、傅君亮、张德俞、陆宗贽、张企留、丁文澜等。该校因自建之新校舍,预计须至十一月间始克竣功[工],而开学转瞬即届,乃在闸北青云路师寿坊租定宽大住宅十五幢为临时校舍,定九月四日开学。

1925 年 8 月 17 日第三张第三版

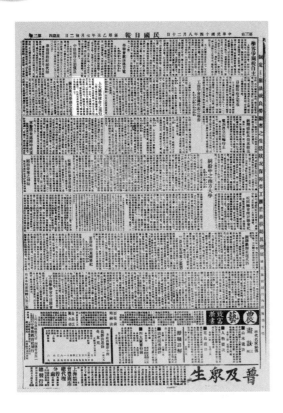

上大建筑校舍之进行

上海大学在宋园建筑校舍,迭见报端。原定规模颇小,预定九月间即可成功一部分,至开学时可作课堂之用(宿舍仍不能成功)。现该校因募捐成绩颇佳,拟将原定计划从事扩充。惟建筑须多费时日,开课时不能应用,已决定在闸北租临时校舍先期开学云。

1925年8月20日第三张第二版

各学校消息汇志·上海大学

因募捐成绩颇佳,拟将原定计划扩充,本学期先租临时校舍开学,已志前报。兹悉该校学生募款在预算中为每人二十元,乃所得报告募得百元至数百元者甚多,有高伯定君已募得现款二千五百元,由津汇沪,闻其尚在努力进行云。

1925年8月25日第三张第二版

《民国日报》中的 上海大学 (1922—1927)

上海大学

本学期已在闸北青云路师寿坊租定临时校舍，课堂宿舍俱全，现正装设电灯，布置一切。大约在开课期（九月十日）前全体办事人即行迁入。

1925 年 8 月 28 日第三张第二版

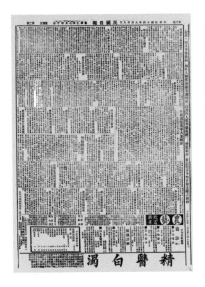

上海大学通告

本大学暨附中之九月一、二两日，新生入学考试地点，已定为闸北青云路青云桥侧之本校临时校舍，时间自上午九时起至下午四时止，午膳由本校供给。此布。

1925 年 8 月 30 日第一张第一版

上海大学暨附属中学招生

（一）班次：（甲）大学部文艺院中国文学系、英国文学系及社会科学院社会学系：一年级新生，二、三年级插班生。（乙）附属中学部高中及初中：一年级新生，二、三年级插班生。

（二）报名：随带最近四寸半身照片、试验费二元及毕业文凭或证书，于八月念八日以前，向上海闸北中兴路德润坊本校报名处报名。

（三）考试日期：九月一、二日连试两日。

（四）考试科目、投考手续及其他均详载招考简章。函索简章附邮票二分。

校长于右任

1925年8月30日第一张第二版

上海大学

一日为第二次招考新生时期,应考者二三百人,考试科目:中国文学系及英国文学系,上午为国文,下午为英文;社会学系上午考社会学,下午考社会进化史及思想史。附属中学部上午考国文、英文,下午考数学、常识。今日将连试一日,但中学部已于昨日试毕。

1925年9月3日第三张第二版

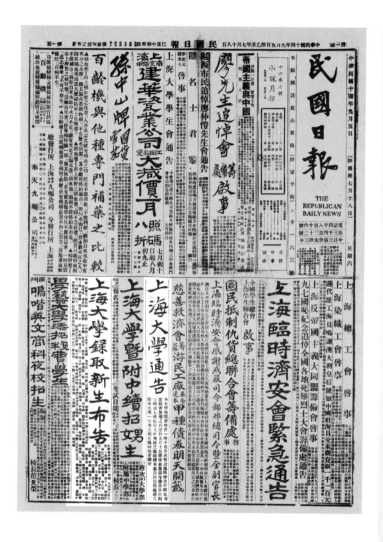

上海大学通告

本大学现因新校舍一时不克告成,暂设临时校舍于闸北青云路青云桥之右,定于九月十日开学,新旧诸生务各早日到校办清入学程序。又中兴路之临时办事处自即日起撤销,凡关本大学一切事宜概在临时校舍办理。

1925年9月5日第一张第一版

《民国日报》中的上海大学(1922—1927)

上海大学录取新生布告

大学部：中国文学系一年级（正式生）吴佑生、丁嘉树、虞赞汤、薛子正、徐绍芹、余心，（试读生）郑厦东、詹志芬，（特别生）张汉群、李善推。英文学系一年级（正式生）陈锡恩、王敦书，（特别生）张恩湝、韦葆和、方运超、吕人豹、吕人虎、赵伟霖、李镜、郭谓之、金洪涛；二年级（试读生）郭廷显、许成赞；三年级（正式生）姜还麟、李圣恩；四年级（试读生）曹震。社会学系一年级（正式生）杜毅、汤有光、罗世文、高良佐、刘怡亭、郭儒灏、陆书龙、姜余麟、冯希廉、雷绍全、蒲克敏、董汉儒、罗醒、刘汉清、林木森、张景陶，（试读生）俞海清、仇恒忠、龚翙青、阎瑞麟、周全、项一禝、李超麟、陆亭午、朱郁、王祖洵、陈培仁、沈方中，（特别生）吴泽昭、刘骥达、卢用行、崔士英、梁宗鲁、谢飞英；二年级（正式生）童□希，（试读生）李显悦、江天一、潘文俊，（特别生）叶静涵、罗行检。

中学部：高级中学二年级（正式生）朱秉和、朱汉臣；一年级（正式生）王文、张铸康、王□潼、谌绪和。初级中学三年级（特别生）金商龙；二年级（正式生）沈金根；一年级（正式生）田恩池、石钟庆、盛澄世、薛景炘、陈颂福。

1925年9月5日第一张第一版

各学校消息汇纪·上海大学

该大学已发出通告,十日开学,十七日上课,学生务于开学前到校。中学师已于昨四日开学,原拟七日上课,兹因七日为辛丑条约国纪念日,即停课一天,准八日起正式授课。闻该校拟十五、十六日续招生一次。

1925年9月8日第三张第二版

上海大学章程出版

　　本埠上海大学自租赁临时校舍于闸北青云路,已于十日开学。学务、总务两处,对内部之改进,不遗余力。现闻该校章程于最高行政机关行政委员会重加修改后,刻已出版,并另印有现任职教员一览表附内。凡函索者只需附邮票四分,即行寄阅。

1925 年 9 月 16 日第三张第二版

上海大学录取新生布告

大学部中国文学系四年级（正式生）黄万成；一年级（正式生）董之琳，（试读生）骆霖、荣益珍、刘庆云，（特别生）温光熹。英文学系二年级（特别生）邓越；一年级（试读生）陆奇。社会学系三年级（特别生）施锐；一年级（正式生）秦邦宪、许适诚、彭瑞初，（试读生）高瑞岚、王作正、王粟一、施建中，（特别生）张鸿宾、刘荣福。

1925年9月20日第一张第一版

各学校消息汇纪·上海大学

该校广东同学会自上学期成立，对于会务进行甚力。是口〔日〕开第二届大会，欢迎新同学，改选职员。前日双十节该会亦开会庆祝，除演讲辛亥革命史互相激励外，并有茶点音乐助兴。

1925年10月13日第三张第二版

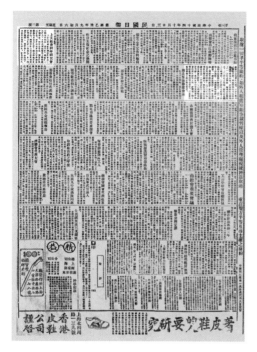

上大社会科学研究会

上海大学社会科学研究会念一日开本学期第一届大会,到会员一百余人。主席高尔柏报告上学期经过情形后,即修改章程,选举新执行委员,武思茂、高尔柏、李宇超、詹至圣、汤有光五人当选。继由指导员李季讲演,略谓中国人现在研究社会科学最缺乏的是一种逻辑,是一种辨证逻辑,我们应用辨[辩]论逻辑,来研究社会科学云云。该会研究大纲载于章程者凡八条,至于本学期之进行计划,将由新执行委员会详细规定后施行云。兹将研究大纲录下:(一)研究之对象——偏重于现实问题。(二)研究之组织——研究分全体与分组两种。(三)研究之结果——由编辑委员审察以便汇刊。(四)讲演——分两种,一为请会外有研究人讲演,一为会员讲演。(五)互相辨[辩]论——委员会提出题目,会员自由认定正反两组辨[辩]论。(六)互相讨论——委员会提出题目,会员用书面自由发表意见。(七)调查报告分组调查现象加以研究。(八)读书报告——计分两种,〈一〉是由会中指定某部书在相当时期内研究完毕,将读书心得作笔记或读书录报告会中,二是会员自由读书之批评报告会中。

1925年10月23日第三张第二版

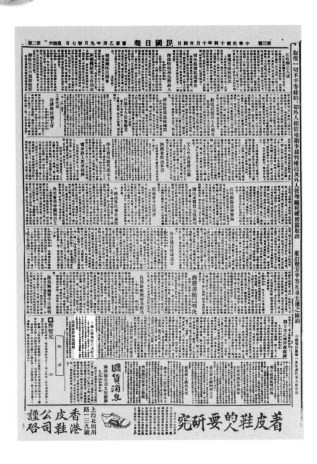

上海大学举行三周纪念

  上海大学以昨日为该校成立之三周纪念日,于昨今两日完前给假,以资纪念。并闻昨日上午该校并召集全体学生,在校举行纪念会。除敦请教授演讲外,并表演各种游艺,晚间且演新剧助兴。

1925 年 10 月 24 日第三张第二版

上大湖北同乡会开会

昨日开会,到会员二十余人,韩福民主席。首讨论章程,次改选职员,当选者刘移山、张先梅、刘庆云、郑仲谟、韩福民等五人。又闻该会为研究学术改造乡梓起见,决定发行刊物,拟与汉口江声报馆接洽,每月出版二次,在该报副刊发表。

1925年10月27日第三张第二版

上大附中

该校此季由教会学校转来男女学生颇多,上星期日该生等联名发起非基督同盟征求会。廿八日下午成立,通过简章,选举五人为执行委员办理一切事宜。

1925年10月30日第三张第二版

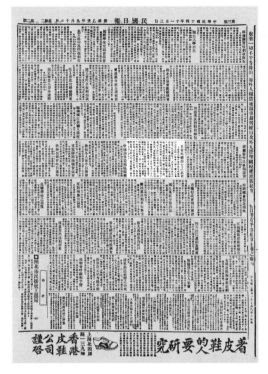

五卅死难烈士之哀音

上海学生联合会昨接有何秉彝君之父自四川寄来一书，读之甚为惨痛，特照录如下：

具呈人何秉彝之生父何元聪，为沪案久悬，尸棺未归，墓地无着，泣恳维持事，缘聪子秉彝，被英捕枪杀殒命，聪迭睹示谕，静候政府办理，不敢稍违。乃迄今半载，外人借口司法调查，当事者，逍遥法外。渗胞母镂铄暮年，痛孙心切，经聪劝导无效，竟于九月二十八日逝世，即此丧事，又多一层浩费。愈形无着，又阅报载上海交涉署组织外交委员会，函知被害人家属，迅即到会报告一切。因此不敢稍迟，即派小子庸庸〔康〕、胞侄少文，即日起程来沪。尚望诸公多方设法，俾得早事丧葬，以慰□念，无任盼祷。

何元聪
十月二十日

1925年11月3日第三张第二版

上大非基督教同盟会成立

本埠上海大学所组织之非基督教同盟,六日午后七时举行成立大会,到会人数三百五十余人。主席饶漱石宣告开会,并报告宗旨,梁郁华报告筹备经过。次通过章程及宣言,并选举职员,结果饶漱石、韩光汉、赵全权、刘汉钦、孙金镜五人为该会执行委员,马英、张文斐为候补委员。次由高语罕、恽代英、杨贤江、萧楚士[女]诸先生讲演。十时余散会。

1925年11月8日第三张第二版

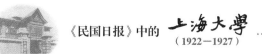

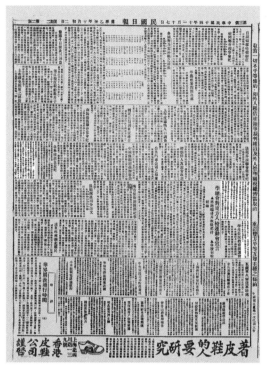

上大社会科学研究会之进行

上海大学社会科学研究会，日前开全体大会，讨论该会执行委员会所拟定之本学期进行大纲，议决下列各项：一，会期。本学期拟定开会十二次，以十二星期计算，每星期开会一次，此外关于各种纪念会等由委员会临时筹备口集。二，会期分配。请人讲演六次，互相辨[辩]论三次，互相讨论二次，轮流举行，如讲演一次辨[辩]论一次讲演一次。三，社会现象调查。由委员会指定五人为社会科学研究会社会现象调查委员会委员，管理本会会员会现象调查事宜，并以上海市之第四阶级为调查之对象，详细调查方法由调查委员协同指导员定之，执行委员通过后施行，调查时协同学校方面共同办理。四，读书报告。由委员会指定三人为社会科学研究会读书委员会委员，管理本会会员读书报告事宜，至于读什么书，怎样读法，由读书委员协同指导员规定，执行委员会通过后施行。五，会员讲演。除上定之十三次会期外，会员讲演期由各会员先将所拟讲之题目报告委员会，由委员会编定次序分组举行。

1925年11月17日第三张第二版

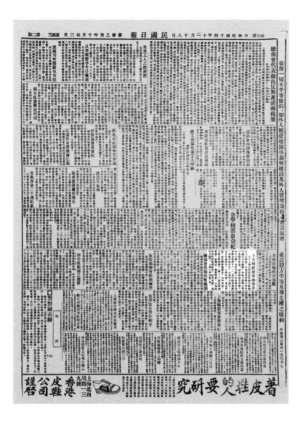

上大湘社援助湘学界

本埠上海大学湖南同乡所组织之上大湘社，因最近长沙学生界发生极大不幸事件，昨晚召集执行委员会紧急会议。议决援助长沙学生办法九条，其致湘赵及湖南学生联合会两电于下：（一）长沙赵省长鉴：集会、言论自由，省宪明文规定，九日拘捕学生，大拂舆情，望速释放，并容纳所提要求以平众忿。上海大学湘社（翰）。（二）湖南学联会鉴：泰变悉，愤慨同深，正联络旅沪同乡誓为后盾，特先电慰，望努力奋斗。

上海大学湘社（翰）

1925年11月18日第三张第二版

游艺界

上大剧团,成立以来,成绩卓著。前该校开三周纪念大会,加入表现,颇得观众赞誉。近闻该剧团定本月二十二日(即本星期日)晚七时在该校作正式第一次之公演,剧本为"可怜闺里月"。

1925年11月19日第二张第二版

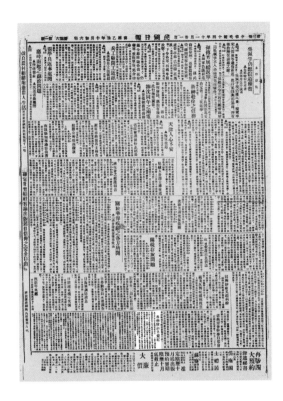

各学校消息汇纪·上大中山主义研究会成立

上海大学自张效异等发起中山主义研究会后,先后加入该会者约二百人。昨晚七时开成立大会,到会员及旁听者共百余人。首由发起人代表张君报告经过情形,并推举高尔柏为主席;次即讨论发起人所拟定章程,略加修改通过,公推高尔柏、马凌山、崔小立、江士祥、吴稽天五君为执行委员,张效异、胡警红两君为候补。

1925 年 11 月 21 日第三张第一版

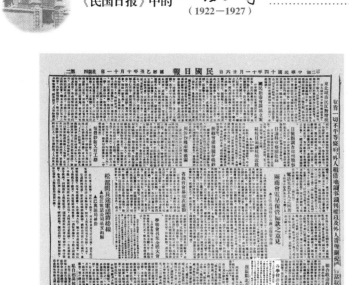

各学校消息汇纪·上大浙江同乡会近闻

闸北上海大学浙江同乡会,前日举行常会,到新旧会员一百余人,由上届委员长朱义权主席,报告半年之经过。继由各股长报告会务进行及账目。次选举,当举出张崇德、孔令俊、潘枫涂、崔小立、孙乃铨、韩光汉、干翔青等为执行委员,施建中、全世凯、潘怀、孔令俊、王心恒等为调查委员,王宇春、干翔青等讲演委员,王正丁、戴邦定、张崇德等为出版委员。最后余兴由会员表演双簧新剧火棍等游艺。次日执行委员会成立,选出张崇德为委员长,并发一切国内战争告浙江人民书云。

1925 年 11 月 26 日第三张第二版

上大女同学会消息

　　昨日下午七时，上大女同学会在该校开演讲练习会成立大会，到会员三十余人，来宾百余人。一、主席报告开会宗旨。大意谓女子数千年来过非人的生活，做男子的附属品，做家庭中的奴隶。现在女子已经觉悟了，知道自己是个人，是个和男子同样的人，所以自己要团结起来，谋自身的解放；同时女子也是外受各国帝国主义的压迫，内受各系军阀的摧残，所以我们女子也应与男子同样的有起来革命、共负改造社会的责任，我们的女同学会便负有此种使命。演讲练习会为要练习口才、对外宣传的预备，出外演讲，唤醒一般未觉悟的女同胞，使得大家团结，共同起来革命。二、修改细则。三、演讲。四、茶点。五、余兴。十时半散会。

1925年12月3日第三张第二版

旅沪山东学生会开会

旅沪山东学生会前日下午一时在上海大学开全体大会,首由主席张耘报告及委员会报告,次讨论:(一)改选职员,按章程规定各校自行改选;(二)会费仍照上学期办法;(三)研究假借本会名义出席旅沪鲁团体事项;(四)整顿会务,各校应另组织本校同乡团体以辅大会进行。五时散会。

1925 年 12 月 10 日第三张第二版

刘华生死未明

昨日上午,有杨树浦引翔港、浦东、小沙渡、曹家渡等处各工会代表,如内外棉、丰田、嘉和、日华、新老怡和、东方公益等纱厂,祥生、瑞镕等铁厂,以及上海码头总工会、印刷总工会、邮电总工会、失业工人团体等纷纷到戒严司令部询问刘华生死,并谓如已枪毙,请即宣布罪状,将尸体交给工人,以便择日安葬。司令部否认此事,答称刘华现在军法处羁押(在上海县公署)。代表等又群往军法处质询,而该处则云未有此人。各代表以不得要领而返。(国民社)

1925 年 12 月 24 日第三张第一版

何秉彝遗体今日回川

五卅死难烈士何秉彝之灵棺,久停沪上,其家属曾允许全川学生联合会及外交后援会等各团体请将何烈士灵棺运回成都,由全川人民举行公墓,早已派人来沪,并与各公团接洽一切。兹闻所有搬丧事宜业已回竣,且定今日起运回川,谅沪上公团届时定有一番追悼云。

1925年12月30日第三张第一版

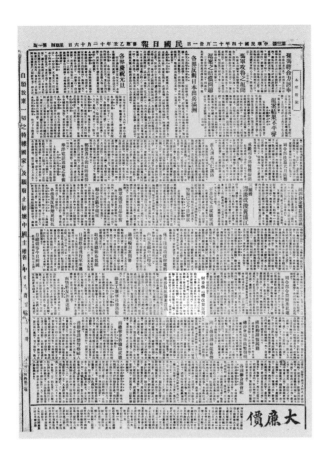

何秉彝遗体改期运川

　　五卅死难烈士何秉彝之灵柩前经其家属何庸康、何少文决定于昨日搭吉庆轮运回原籍四川，后因各项布置，尚未就绪，已决定改搭于元旦开驶重庆之蜀兴轮运往四川。闻本埠各界妇女联合会、学生总会、学生联合会、总工会等团体，均赠送祭葬挽联，并拟派代表前往亲送上轮，以表敬仰爱国先烈之忱云。（国闻社）

1925年12月31日第三张第一版

1926 年

上海大学暨附属中学招插班生

大学部：文艺院中国文学系一、二、三年级，英文学系一、二、三年级，社会科学院社会学系一、二、三年级；附属中学：高级中学一年级，初级中学一、二、三年级。

考试日期：第一次一月念一、念二日，第二次二月念六、念七日。

报名：第一次自一月一日起至一月二十日止，第二次自一月念五日起至二月念五日止。

函索章程：详章附邮票六分，简章附邮票一分。

报名地址：上海闸北青云路本校。

校长于右任

1926年1月3日第一张第一版

學生被控案判結

普陀路捕房於十二月十七號下午四時半、在西蘇州路宜昌路東京路等處拘獲學生十七名、抄出傳單二種、一係反對日本出兵滿洲、一為援問奧紗廠工人、解廠餘各交三十元保候訊、官判將茲五人保洋充公、其餘張天明蕭翠笙李雲周廣昌的上曹子仁諸克敏黨伯恆、一大股第三庭研訊、女生沈方中男生孫金鑑李寶善金國光郭智芝等五名均臨由陸襄獻會同日副領事長岡君特開訊不到、官判將茲五人保洋充公、其餘張天明蕭翠笙周廣昌的上曹子仁諸克敏蕭伯恆、一大股先由中日探捕相繼上臺處拘呈案請察、職由四十五號西探投明拘大夏生情形、將抄出之兩張傳單呈案請察、職由四十五號西探投明拘大夏學生、而傳單均稱係學生聯合會大學學生、而傳單均稱係學生聯合會所發、並無傳軍所、餘均稱供給散學生聯合會所封學校着令拘散發等詞、實之各生除牟正國供認外、餘均稱該被拘時身畔並無傳單、係軍警項傳軍係學生聯合會經封學校着令散發、故取而寢於身畔、並求分發、故取而寢於身畔、並求分發

学生被控案判结

　　普陀路捕房于十二月十七号下午四时半，在西苏州路、宜昌路、东京路等处拘获学生十七名，抄出传单二种。一系反对日本出兵满洲，一为援同兴纱厂工人，解廨谕各交三十元保候讯各情，已志本报。昨晨由陆襄澉会同日副领事长冈君特开第三庭研讯，女生沈方中，男生孙金鉴、李宝善、金国光、郭习芝等五名均临讯不到，官判将五人保洋充公。其余张天明、萧琴笙、李云、周庆昌、向上、曹子仁、蒲克敏、党伯孤、来一大、殷伯恒、王心恒、牟正国等十二名则皆到案。先由中日探捕相继上堂禀明拘获各生情形，将抄出之两种传单呈案请察，继由四十五号西探投案禀明各学生被捕后，有数人初皆供称大夏大学学生，嗣经查明实系上海大学学生，而传单均称系学生联合会交给散发等词。质之各生，除牟正国供被拘时身畔并无传单外，余均称该项传单系学生联合会送到学校着令散发，故取而藏于身畔，并未分发。旋据被告代表江一平律师辩称，捕房控告被告：（一）散发传单、（二）沿途演说、（三）以学生资格不应干预政治会议、（四）不于开会之前报告捕房。查所控二、三、四三案，并无证据证明，应请注销；至散发传单一项，该传单一系反对日本出兵，此已成为事实，该生等不过报告国人；至关于同兴纱厂一案之传单，言词虽有失实及误会之处，然各生已供明并未散发，应请从宽云云。捕房代表律师译称，被告身畔既有传单，实有分发意思，而学生联合会为政治团体，亦应取缔等语。问官即退入休息室，磋商良久。升座宣判张天明、萧琴笙、周庆昌、曹子仁等违犯治安警察法第十二条，以学生资格加入政谈集会，应各罚洋五元；李云、向上、蒲克敏、党伯孤、来一大、殷伯恒、王心恒等亦以学生资格加入政谈集会，惟情节较轻，应各罚洋三元；牟正国无罪释放，其余诉案讯无证据，应予注销，传单等均予没收。

1926 年 1 月 5 日第三张第一版

何秉彝遗体运川·今日各团体之追悼

　　五卅徇[殉]难烈士何秉彝遗体运川公葬,各项手续,在元旦日未曾完竣,故致延期。现已与由沪直航川江之昌大轮交涉妥当,并于今日由何君家属到闸北蜀商公所,将遗体搬至南京大通码头先行安放,以待上大学生会、上海学生联合会、全国学总会、上海各界妇女联合会等团体追悼后,即于明日午前四钟起运返川。何秉彝家属致谢各团体函云:

　　此次家兄秉彝死于五卅,屡蒙各团体追悼呼吁,先将遗体特放于闸北蜀商公所,现由国民二军捐助,得以于明日午前四钟运棺回川。行期在即,特此敬谢。

家属代表何少文、何庸康同启　二月十七号

1926 年 1 月 18 日第三张第一版

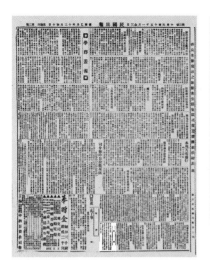

上海大学来函

贵报今日本埠栏载中国济难会救恤周水平事。周水平名可注,有原名刚直,前任上海大学教授等语。查本大学历年教授中并无周水平或周刚直其人,所载实系传闻之误。请即从实更正为感。专此即颂撰祺。

上海大学一月念二日

1926年1月23日第三张第二版

上大广西同学

上大广西同学会,现以广西当局恢复银行发行纸币之事,关系桑梓,非常重大,曾召集二次大会讨论,议决通电反对,立推起草员三人,不日即行发表。

1926年1月28日第三张第二版

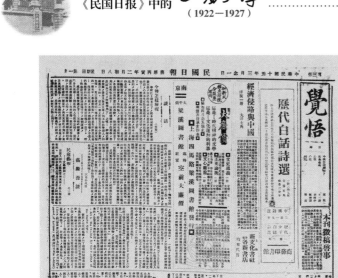

上大校舍募捐委员会新讯

　　本埠上海大学，自西摩路校舍被封后，该校人士即行组织募捐委员会，印发捐册，分向各省官厅及各方面热心人士募筹经费，自建校舍。黑龙江于省长接到该会捐册，即发交教育厅代募，现由教育厅向江省各教育机关募得江市钱九万九千余吊，大汇兑券六十余元，大洋九十余元，共折成现大洋五百二十余元，呈复省长，业由省长转汇该会。

1926年3月21日第三张第一版

上大附中开会

十九日下午上海大学附中学生因北京事件停课半天,并开会志哀,陈贵三主席。首宣布开会宗旨,并静默三分钟。次高尔柏报告大沽及北京流血事件之经过,毕任庸演讲辛丑条约之内容与此次事变之因果,全场为之怨愤。

1926年3月21日第一张第二版

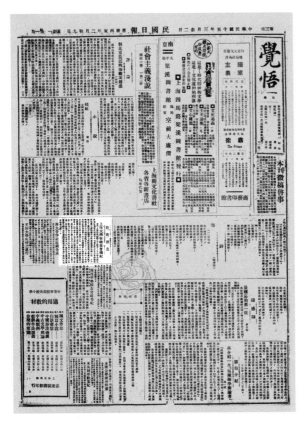

上海大学教职员会议纪

　　本埠上海大学教职员，昨日下午六时在四马路倚虹楼举行聚餐会，到会者计有李石岑、胡朴安、周由廑、周越然、刘大白、陈梦[望]道、韩觉民、谢六逸六十余人。席间首由学务主任陈望道报告开会意义，略谓本校大中两部教职员，不下八十余人，平时因忙于学校事务，少有接触机会，特就今日改选行政委员之期，邀请来此□叙云云。继由总务主任韩觉民报告校舍建筑情形，略谓本校筹划建筑校舍，已历半年，顷已在江湾购定地皮一段，计洋一万五千元之谱，日内即可签定，动工在即，希在座诸君将所领捐册早为结束云。报告毕，即选举行政委员，计当选者，□为然委员韩觉民、陈望道、周越然、侯绍裘、施存统外，为朱复、杨贤江、刘大白、李季等四人。

1926 年 3 月 22 日第三张第一版

民间之驱段废约声·上海大学

各报馆转各团体及全国国民公鉴:段祺瑞甘心媚外,非特不御外侮,竟敢枪杀向彼请愿之爱国同胞演此亘古未有之惨剧。噩耗传来,令人发指,本会于今日成立,誓为北京爱国同胞后盾,全体一致,虽死不辞,务达惩段及废辛丑条约目的。务望全国同胞一致奋起,使死难者之血不致虚流。临电悲愤。

上海大学北京惨案后援会梗

1926年3月25日第一张第三版

上海大学

本埠上海大学校舍建筑委员会,近在江湾购定地基一段,计二十余亩。昨日已交换钱契,并由该会委员亲莅该地,会勘立界。又该校募捐委员会,以校基既已决定,开工在即,正发函催各募捐人赶交捐款。

1926年4月9日第二张第一版

上大丙寅级举行聚餐

上海大学中英两系丙寅级,因毕业在即,于十日下午六时,请教职员在一品香聚餐,借以联络感情,计到教职员学生共六十余人。席间由陈望道、周越然、田汉、朱复、李季、韩觉民诸教授相继演说,词多勖勉。并有田汉及三数同学唱京调,以助雅兴,颇极一时之盛,直至九时,始尽欢而散。

1926 年 4 月 12 日第三张第一版

上大社会学系同学会

　　本埠上海大学社会学系第一届同学会,昨日开春季第一次会员大会,朱义权主席。程序如下:(一)主席致开会辞。(二)报告:(甲)朱义权报告上届会务经过;(乙)韩福民报告研究部经过;(丙)李春报告出版部工作经过;(丁)杨国辅报告收支帐[账]目。(三)改章程。(四)议决;(甲)举行同乐大会,由委员会筹备;(乙)组织西湖旅行团;(丙)催缴特别捐。(五)改选职员:杨国辅、章毓寄、李春鍏为总务委员,吴铮、李和涛、陈贵三为研究委员,刘超英、许侠天、韩福民为出版委员,朱权[义]权、章寄毓[毓寄]、杨国辅为出席各级代表大会代表。

1926年4月13日第二张第一版

上海大学建筑校舍近闻

  上海大学在江湾购买地基建筑校舍，已志前报。兹闻该校现已着手筹备一切建筑事宜，如测量、绘图等工作，并于昨日召集教职员、学生联席大会，讨论募捐及建筑事宜。议决：一、于五月二十日以前收齐捐款结束一切募捐手续；二、务于六月一日以前开工建筑校舍；三、教职员、学生除向外募捐外，并自尽力捐助建筑费等数条。广东等方面捐款数目较巨者，并由该校最高机关行政委员会指委该会委员韩君亲往收取云。

1926年4月29日第三张第一版

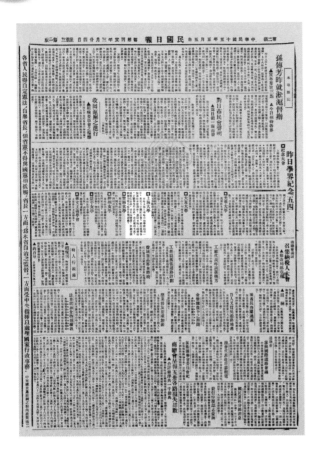

昨日学界纪念五四·上海大学

本埠上海大学昨日由学校给假一日,本定上午开纪念会,嗣因原聘各演讲员未能到会,遂改至晚七时举行,全体学生均出席。由高尔柏主席、杨贤江演讲,并表演双簧、新剧京调、跳舞、滑稽、火棍等各项游艺。

1926年5月5日第二张第一版

上海大学

该校全体校役组织校工团,昨晚假上大教室开成立大会,共到校三十余人。首由主席徐开君报告,通过章程,推选职员,结果龚兆魁、沈得喜、徐开当选为执行委员,末由章毓寄、张庆孚、刘怡亭、李思安四先生演说。至九时许散会。

1926年5月17日

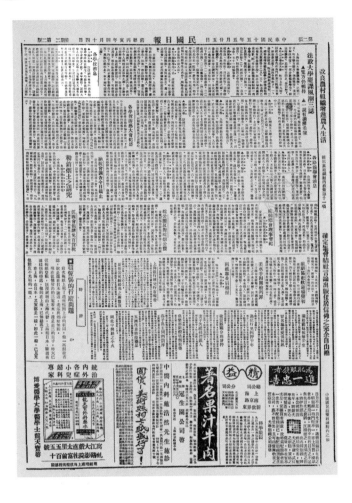

各学校消息·上海大学

该校历年来专门部及附属中学所毕业学生,均能各依所学,充分发挥其才能。本年暑假,该校大学本科中国文学系、英文学系又将各有学生一班毕业。据闻该校当局现已组织一毕业生职业介绍部,并印有简章及委托介绍职员表等物,以便外界需要该校毕业人材者之接洽云。

1926年5月25日第二张第二版

游艺界消息·上大湘社游艺消息

上海大学湖南同乡所组织之上大湘社,成立未及一载,建设事业极多。兹闻该社又定于本日午后六时假西门少年宣讲团会址,举行一大规模之游艺会。其节目除各种武技、跳舞、火棒、京剧、歌剧、猴剧、钢琴独奏、法国名歌、爱尔兰名著 Rising of The Moon、中国名剧《获虎之夜》《湘累》《一只马蜂》及其他外,尚有湘籍明星黎明晖女士及明月音乐会会员之晓霞舞曲、黎清照女士之昆曲等云。

1926年5月27日第三张第二版

学务丛报·上海大学得粤款补助

　　上海大学系于右任氏所创办,近该校以于氏远离沪渎,经费维持困难,特于三月间推该校总务主任韩觉民赴粤,筹募款项。韩抵粤后,与政府及各界接洽,颇得各方赞助。国民政府业已允拨特别费二万元,以后按月给款一千元。现韩已于昨晨由粤返沪,携有现款一万元。

1926年6月10日第二张第二版

黄仁善后问题之会商

　　黄仁烈士善后委员会,昨日下午二时假上海大学开代表大会,计到中国济难会、上海学生联合会、四川青年社、上大学生会、上大附中学生会、上大四川同乡会、富顺青年社等团体代表二十人。首由总务股报告开会宗旨,次推举富顺青年社代表为临时主席,并议决三项:(一)安葬问题。由执行委员会制订捐册五十本,请上海各团体负责募集,同时请特别市党部江苏省党部转呈广州中央,拨给以前所允恤金,充作安葬之用,并定最短期内,举行奠基典礼。所有筹备手续,由执行委员会函聘各团体派代表负责办理一切。(二)抚恤家属问题。由党部转呈广州中央继续发给抚恤金案,并由各团体联名呈请恢复原有恤金如数抚恤。烈士寡妻弱妹小姊之教育问题,亦由各团体联名直函四川省教育厅、富顺教育局、县立女校各当局,予以免费。(三)特别市党部辞文书职案,议决一致挽留。议毕散会。

1926年6月14日

▲上大丙寅級畢業式。上海大學于前日午后二時舉行該校文藝院中國文學系及英文學系丙寅級畢業典禮、到教職員陳望道周越然周由廑韓覺民朱復……及學生來賓約六百人、其秩序如下、一、主席宣告開會、二、報告該校過去之狀況及未來之計畫、三、授學位、四、演說、五、畢業生答辭、六、茶點、七、禮畢、此次畢業共有五十二人、均授與文學士學位、茲將其畢業生姓名併採誌於后、該校宗旨原為促進文化事業發達建國人材、辦學數年、經營慘淡、此為該校第一次畢業人材、想必能大有振作於社會也、並聞該校為免除同學間內成績略有優劣致生歧視之惡習起見、故文憑號數亦係按註冊、先後編次云。

(中國文學系)高懷誠 陳子英 胡國隆 張維祺 黃萬咸 王啓元 馬子一 錢家麟 黃讓之 徐呵梅 蔣抱恆 蓉育英 吳鶴麟 吳惠 黃紹衡 朱松 李紹彬 曹鴻恩 楊志英 汪式玉 汪超 吳森 張一慶 孔駐 陳陸南 周學文 王道純
哲 陶同杰 劉鏞 陳嘉壽
朋 蔡鴻烈 延錫彩 陳繁鼎
郭伯和 蔣同節 楊學漂 張崇德
震 (英文學系)俞光卒 張由宽
林爾民 黃覺成 王友倫
蔣如珍 劉卓卒 徐友寅
孔慶波 陳瑢麟

上大丙寅级毕业式

上海大学于前日午后二时举行该校文艺院中国文学系及英文学系丙寅级毕业典礼,到教职员陈望道、周越然、周由廑、韩觉民、朱复……等及学生,来宾约六百人。其秩序如下:一、主席宣告开会。二、报告该校过去之状况及未来之计画[划]。三、授学位。四、演说。五、毕业生答辞。六、茶点。七、礼毕。该校此次毕业共有五十二人,均授与[予]文学士学位。兹将其毕业生姓名等采志于后。该校宗旨原为促进文化事业、养成建国人材,奋斗数年,经营惨淡,此为该校第一次毕业人材,想必能大有振作于社会也。并闻该校为免除同学间因成绩略有优劣致生歧视之社会恶习起见,故文凭号数亦系按注册先后编次云。

(中国文学系)高怀诚、陈子英、胡国隆、张维祺、黄万咸、王启元、马子恒、钱家麟、黄让之、徐呵梅、蒋抱一、符育英、吴鹤麟、王惠、黄绍衡、朱松、李绍彬、曹鸿恩、杨志英、汪式玉、汪超、吴森、张一魁、陈荫南、周学文、王道纯、孔庆仁、明哲、陶同杰、刘镛、陈嘉书、郭伯和。

(英文学系)施锡祺、陈擎鼎、曹震、蔡鸿烈、俞光彩、张崇德、蒋如琮、蒋同节、杨学濂、张由嘉、林福民、黄竟成、刘卓平、王友伦、孔庆波、陈培麟、陈当冀、徐寅。

1926年7月3日第二张第二版

《民国日报》中的 上海大学 (1922—1927)

上海大学招生

大学部中国文学系、英文学系、社会学系，中学部高中、初中二级，均招新生，男女兼收。

报名：自本日起，每日上午七点至十一点，下午一点至四点，随带学历证书、四寸半身照片、试验费二元。

地点：闸北青云路上海大学临时校舍。

考期：七月十五。

章程：函索简章附邮一分，详章四分。

校长于右任

1926年7月10日第一张第一版

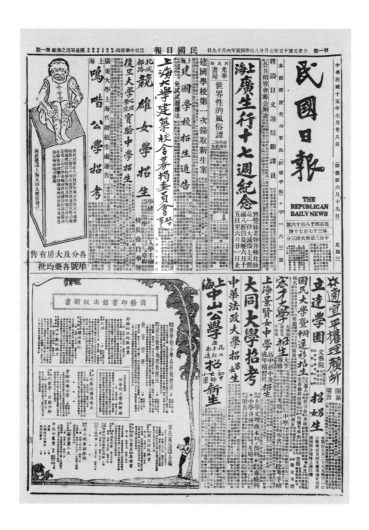

上海大学建筑校舍募捐委员会启事

本大学已将教室、寝室、膳厅、厨房、门房全部校舍包给久泰营造厂,即日开工建筑。目下需款甚殷,凡已捐未缴各款,务请各经募人从速催缴,以便应用。

七月二十八日

1926年7月28日第一张第一版

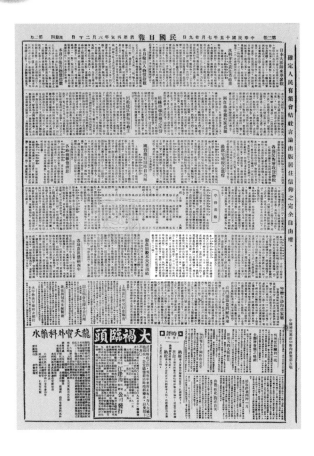

学务丛报·上大学生会之宣言

由北京亚细亚民族大同盟及东京全亚细亚协会所发起的全亚细亚会议，八月一日起要在长崎开会了。他们所标榜的目的，是谋全亚细亚民族之共存共荣，我们知道发起这次会议的两个机关，都是日本御用的机关，自然这次会议完全是日本弄的鬼。原来自五卅以后，那时日本感觉到屠杀的失策，便变更方略而发起所谓亚细亚民族大会，但没有成功。荏苒至今，便有所谓全亚细亚民族大会在长崎开幕。（中略）现在我们且问，日本是不是肯让高丽、琉球的民族自决呢？是不是肯放弃在中国的既得权利呢？如能这样，我们可以相信日本的诚意亲善。实际上对于高丽、琉球、中国仍加压迫，复口头提倡亲善，谁能相信？（下略）

1926年7月29日第二张第二版

学务丛报·上大附中之新计划

　　本年五月间购定江湾西首地三十余亩，作为校基，月余来关于建筑事宜进行甚速，业于八月一日开工建筑，全部校舍工程由久泰建筑公司承办。该校本届高中毕业计三十三人，下学期拟扩充学额，大加整刷。现该校当局欲从国民党中吸收青年革命份［分］子计，业已与各省县党部分头接洽，订定保送学生条件，特订自本年度起招收民党保送免试学生。本届免试学额定八十名，高初中各半，此外各级插班生及初中一年级新生仍照例招考。该校近一年来学生日见增多，现该校侯主任因事留粤，校务主持概由副主任沈观澜负责，下学期教职员已聘定者有教务主任钟伯庸、社会学蒋光赤、社会问题及修辞学陈望道、高中国文冯三昧、论理人生哲学杨贤江等。

1926年8月4日第二张第二版

《民国日报》中的 上海大学（1922—1927）

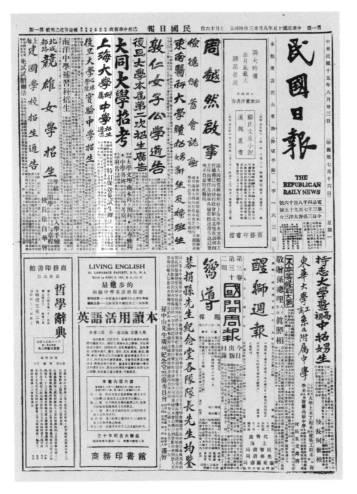

上海大学附属中学招生通告

本校本学期起扩充学额，除照常招考外，特订保送免试生办法。本届此项免试生额定八十名，其报名入学手续详载"保送免试生章程"内，可向本校函索或面取。有志来学者，须于九月五日以前来校，遵行所定手续，准予免试入学。额满即行停收。再，第三次招考定九月五日，除高三外，各级均有余额，报名从速。地址：上海闸北青云路师寿坊本校临时校舍。

1926年8月23日第一张第一版

学务丛报·上海大学

最近在学务处添设注册课,就教授中聘请一人为注册主任。并自本学期始实行学分制,学生受课不及三分之二,一概不准参与大考。该校新校舍早经久泰营造厂承造,约在夏历十月底即可告竣。

1926年9月19日第二张第一版

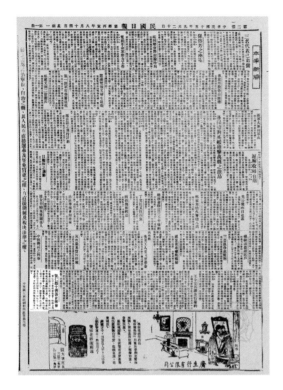

黄仁烈士善后会开会

　　黄仁烈士善后委员会，昨假上海大学举行第三次代表大会，推定四川青年社代表为临时主席，由执行委员会报告会务，次讨论奠基礼，决于双十节前一日举行，建筑费决由交际股与五卅烈士墓建筑工程师议定，交本会通过，及纪念碑与抚恤家属等案而散。

1926年9月20日第二张第一版

上大浙籍学生赞助三省自治宣言

上大浙江同乡会宣言云：慨自民国十五年来，军阀横行，烽火遍野，民不聊生，凡我同胞，谁不饮泣而痛恨。今者国民革命军举师北伐，进规长江，军阀势力，相继崩坏，乃奉鲁军阀，尚欲乘机蠢动，大局转移，遂趋重江浙，尤以上海为其中心。际此南北双方短兵相接之时，实我民奋起力图自治之机，是以上海商总会等有主张拒绝奉鲁军南下，划上海为特别市，以市民管理市政，召集国民会议解决国是之宣言。而苏、浙、皖三省联合会，又有根据主权在民之旨，要求三省自治。本会同人籍隶浙省，份属国民，爱国爱省，敢后他人？对于商总会与三省联合会之主张，自是万分赞成，但欲贯澈〔彻〕主张，空言无补。窃以为此时欲求民治之实现，必先解除武人之军权，否则与虎谋皮，反以资军阀之假名自保耳。深望各界同胞奋起自图，努力于斯。谨此宣言。

1926年11月22日第二张第一版

上大非基同盟之改组

上海大学学生原有非基督大同盟之组织，十五日开改组会。到会员二百余人，先通过简章，次改选职员。结果：总务张昔蒙，文书刘晓浦，组织池盼秋、丁显，宣传陈铮、吴铗，会计彭进修，候补李俊民、王溢。末后议定耶稣诞节非基计划，决与上海非基总同盟联合，作大规模的运动，并议定永久计划，虽不在耶稣诞期，亦照常进行。

1926年12月17日第二张第二版

上大非基运动之进行

上海大学非基督教大同盟执行委员会，昨日下午一时假上大学生会开第一次常会，张昔蒙主席。议决目前非基工作进行方法：（一）发表非基宣言；（二）于本月二十二日在本校开非基大会；（三）致函本校学生会，请于耶稣生日令全体同学参加非基运动；（四）致函上海非基总同盟，请于二十二日派代表出席本校非基大会讲演，此外议就旗帜传单标语式样多种，更将全体会员五百六十余人分作百余队，预备于二十五日全体出发，作广大的非基宣传。讨论至二时半始散会。

1926 年 12 月 18 日第二张第二版

上大陕同乡会开会

上海大学陕西同乡会,昨日下午一时半开全体大会,讨论关于非基运动周的非基工作,到六十余人,由孟芳洲君主席。议决非基运动周该会会员全体参加非基运动外,又由该会所出《新群》半月刊出一非基特刊,并印宣言传单一万余份,分发上海及陕西各地,内有陈顾远、曹趾仁、党伯孤、艾纪武、张国藩等君讲演基督教的罪恶与基督教侵略中国的成绩,以及我们反对的策略。旋即分配工作,五时散会。

1926年12月20日第二张第二版

学务消息·上大附中扩大招生

本埠上海大学,已在江湾建造校舍,且定明年元旦举行落成大典礼,各节迭志本报。顷闻该校附属中学,拟乘新校舍告成之机,锐意发展,扩大招生。十九日,召集第一次招生委员会,当场举定张崇德、许德良两人为交际委员,钟伯庸为常务委员,高尔柏、陈富三、萧觉先等,分别命题并兼负监试、阅卷等责任。一面决定函致国内各省国民党部特约保送投考学生,并向本埠及武昌、汉口、九江、南昌各地各大报馆遍登广告外,另约定本埠国民党特别市党部及杭州省教育会、蚌埠皖北中学、武昌军事政治学校等处为报名之所。同时该招生委员会拟陈请学校最高机关酌减学费,俾寒素子弟,可以群来入学。以上各项计划,均已积极进行。预料该校前途,必大可发展云。

1926年12月20日第二张第二版

上大浙同乡赞成浙自治

上海大学浙江同乡会赞成浙江自治宣言云：吾浙自治，已由酝酿而至实现矣。久处军阀统治压迫下之浙江，一旦还我主权，回复自由，凡属浙江人，喜贺同深，惟是障碍依然未除，自治仍多危险。目下党联两军一至富阳，一屯长安，接触甚易，险恶万状。党军为持有主义服从民意之军队，其必赞助浙江自治，我人固无庸其怀疑，特是联军向以我浙为征服地，今此着着进迫，其欲维持其原有之统治势力，自属无可讳言。敢告联军，果有几分爱护浙江之意者，应速将开浙军队，完全撤退出境，浙江事任浙江人自为之。否则破坏自治，我人为争浙江自治计，惟有联合一致，忍痛一时，共筹积极的对付也。

1926年12月23日第一版

上海大学校舍落成典礼筹备处启事

敝校草创之初,原系假屋而居,五卅案起,横遭封闭。不忍弦歌声辍,遂筹自建屋宇。一年以来,邪许交呼,聚资鸠工,幸观厥成。原定一月一日,举行典礼,并开游艺大会,借娱来宾,聊伸庆意。嗣以他种关系,不得已而延期,深恐各界未知,届期转劳跋涉。用特声告,并致歉忱。

1926年12月28日第一张第一版

《民国日报》中的上海大学（1922—1927）

上海大学招生

级次：本大学文艺院中国文学系、英文学系，社会科学院社会学系，一、二、三年级，均添招插班生。

资格：（一）曾在大学专修所考学系满半年、一年半或两年半者；（二）确有相当程度者。

报名：自登报日起至考试日止。随带四寸最近半身照片一张、修业证书一纸、试验费两元，向本小[大]学学务处注册课报名。

考期及地点：第一次，一月七日上午九时起，连试两日，试场在上海闸北青云路本校临时校舍；第二次，二月二十六日上午九时起，连试两日，试场在江湾本校新筑校舍。

函索详章，附邮票四分。

上海大学

1926年12月29日第一张第二版

346

1927 年

《民国日报》中的 上海大学 (1922—1927)

上大组织寒假读书会·今日开成立会

上海大学学生,因寒假学校放假,而留校同学尚多,发起组织寒假读书会,借以研究学问,并临时举行各种游艺,以资娱乐。闻该校学生之加入者,已有百三十余人。现该会决定于今日下午二时,开成立大会,并请各人讲演。对外校同学,闻亦欢迎加入云。

1927年1月6日第三张第一版

上大寒假读书会成立会

上海大学学生,发起组织寒假读书会以来,该校及外校同学参加者,异常踊跃。该会已于昨日下午二时开成立大会,到者达百五十人之多。开会后,首由主席报告开会理由及筹备经过,次请该校主任陈望道先生讲演,略谓吾人今日读书,固不应变成老顽固,然亦当谨防流为新顽固,盖读书乃作事之参考也。再次通过简章,选举职员,讨论今后会务进行事项,议至五时散会。现该会因外校同学纷纷来函,请求加入。为不使外校同学向隅起见,仍继续欢迎外校同学加入云。

1927年1月8日第二张第一版

上大学生之革命运动

本埠上海大学学生,此次于闸北宝山路、虬江路及东横浜路一带,与各工团合攻奉鲁军,以及在五区收缴枪械及虬江路前线冲锋者,有龙树藩、郭伯和、张书德等十余人。而北火车站方面,亦有该校学生加入前线作战。闻被击毙四五人。

1927年3月26日第二张第二版

上大附中聘代理主任

上海大学附属中学主任侯绍裘,因公私事繁,不能兼顾,特聘请该校教员张作人代理,已于四月二日起到校就职。

1927年4月4日第二张第二版

上大反英宣言·并通电援助大夏

学生会加入反英大同盟宣言　国内外同胞均［钧］鉴：英人素抱帝国野心，屡施强暴政策，五卅而后，视为得计，变本加厉，激进无已，对我民族，妄加宰割，要结军阀，横行高压，唆使媚外分子，挟制舆论机关。重庆之余火未已，南京之炮击踵至，复以外交诈术，侵我权主，资本侵略，吸我脂膏，此皆我同胞所痛首，一体同仇者也。敝会同人，愤国权之丧失、公理之沦亡，对于反英大同盟之组合，绝对附从，一致抗拒英帝国主义之武装压迫、经济侵略。尚希诸同胞坚其团结，加入奋斗，以争国权而造民族。

学生委员会援助大夏电　国内外同胞均［钧］鉴：英兵越界围搜大夏大学，殴伤同胞，捣毁物具，国权丧失，公理荡然，渺视我华，于斯为极。彼英人侵略为心，惨横成性，抱其帝国政策，残我中华民族，尚望诸同胞一致电请国民政府严重抗议，以雪奇耻，而争国光，是所至叩云云。

1927年4月15日第三张第四版

《民国日报》中的上海大学（1922—1927）

上海大学教职员学生联席会议

江湾上海大学，于前日下午开教职员学生联席会议，计通过提案二十余件。主席报告开会宗旨，学校当局报告最近学务校务进行状况及计画［划］，国立运动委员会及膳食委员会、学生会执行委员会均有报告。后讨论，薄暮散会。

1927年4月16日第三张第四版

昨日上大之重要会议

　　昨日上午上海大学在新校开改选后第一次行政委员会，到会者有陈望道、谢六逸、李春鹏、金耀光、冯三昧、刘大白、周由廑等七人。情形如下：一、改选临时主席，结果陈望道得五票当选为该会临时主席；二、追认请愿代表案，议决追认；三、向宁汉双方请愿国立案，议决通过；四、陈望道因赴宁汉请愿，请刘大白暂行代理学务主任及临时主席案，议决于陈君未回校以前，请刘君逐日在校办公，并代行主席职权；五、推定临时提款委员案，议决请刘大白、冯三昧二君共同签字；六、推定事务委员案，议决由冯三昧君协同学生代表共同办理。

1927 年 4 月 19 日第三张第四版

上大丁卯级同学会成立

前日江湾上海大学丁卯级同学会召集全体大会,到者九十余人。当推举李春鍏、方超骥、杨国辅、丁显、金耀光、李圣恩、汪涛等七人,组织执行委员会,从事编辑该级特刊,内有广告栏,由方超骥君担任接洽。并拟在校内建筑钟楼一座,择日开欢乐大会,摄影聚餐以示纪念云。

1927年4月20日第三张第四版

上大附中学生会

上海大学附中学生会,于昨日(十九日)下午二时在该校第一大教室,开本届学生会改选大会,全体同学到会,公推武志祖为主席,陆福如为纪录。首由主席报告开会宗旨,后由寒假留校委员会委员,报告寒假工作之经过情形,次讨论经费等各项重要问题,及修改章程等。结果十分美满。嗣即进行选举,顾根兴、陈慧生、许励等十一人,当选为本届学生会执行委员云。

1927年4月23日第三张第四版

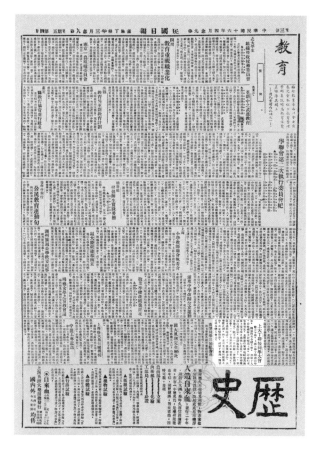

上大丁卯级同学大会

前日午后，上海大学丁卯级同学会，开第四次全体大会，到数十人。公推总务方超骥为主席，讨论结束毕业事宜，并补选佟宝璋、冯骥、林道兴、廖上瑶等四人为执行委员。旋即续开执行委员会，兹录议案如下：一，毕业论文，限五月一日以前一律缴到委员会；二，半身照片及年刊费五元，限本周内缴清；三，建筑纪念物，由学校代办；四，五月五日举行欢乐大会，及聚餐摄影。并闻下星期一开第五次全体大会云。

1927年4月29日第三张第四版

上大學生會昨開六次執委會

昨日上午九時，上大學生會於閘北青雲路天寶里該會辦公處，舉行第六次執行委員會，由總務方超嗥為主席，文書陳懇圻為記錄，首由主席假請，對於該校已蒙營局計劃，改組國立中山大學，啓封之期不遠，常經公決，定於本月二十一日上午九時，在恆裕里恆裕小學召集全體同學大會，討論一切重要事務，並聞該會丁卯級同學會，亦於今日午後二時，假該會開會云。

又該會為因校事發表宣言云：於五卅以還，嘗奏奇績，非特著令名於國內，抑具播聲華於海外，豈誰踵踵當局，謀畫啓封，辛南中同志，知者倘多，帝呈將內容刷新，准予啓封，好音傳來。獻膝莫釋，行日苞桑鞏固，定可預卜於茲，丹山碧水，總可實現於將來，此又我上大近令進行計畫之狀況也，頻年以往，我上海大學，屢遭奇變，推源禍始，誰為屬階，彼蒼所賜，顧莫知也，自今以往，我全體忠實同學，當本堅忍不拔之精神，作中流砥柱之事業，清蕩勃谿，用補貼危，青天白日，詎能容魑魅以橫行，海底沈冤，或可大白於天下，此又我全體忠實同學所切盼而希望者也，嗟嗟，此林空木落，霜露嚴高，月墜嚴高，此心耿耿，年來國家多故，憂舍垠堵，用向學之士，不知所出，嗒目時眼之大為隨愛，挽既倒之狂瀾，支將傾之大廈，非異人任，吾輩之責也，忠愛同胞，其其勉旃，諗此宣旨，實所雞能，用是校譽頓起，興論翕，

上大学生会昨开六次执委会

昨日上午九时，上大学生会于闸北青云路天宝里该会办公处，举行第六次执行委员会，由总务方超骥为主席，文书陈德圻为记录。首由主席报告该校已蒙当局计划，改组国立中山大学，启封之期不远，当经公决，定于本月二十一日上午九时，在恒裕里恒裕小学召集全体同学大会，讨论一切重要事务。并闻该会丁卯级同学会，亦于今日午后二时，假该会开会云。

又该会前日为校事发表宣言云：我上海大学自被封后，外界对于内容一切情形，多未明了，或讥为捣乱机关，或目为共产党巢穴，聚讼纷纭，甚嚣尘上，实则道路传言，大相刺谬，内容详情，讵尽如是。用特发表宣言，俾明真相，幸我同胞，一垂察焉。溯我上大之名，诞降迄今，忽忽六易寒暑，职教员颇称热心，诸同学亦能振奋，雍雍济济，惨淡经营，唯冀养成建国人材，备为世用，规划远大，实所难能，用是校誉雀起，舆论翕然。五卅以还，叠奏奇绩，非特著令名于国内，抑具播声华于寰海。岂维请愿当局，谋划启封，幸南中同志，对于我校内里情形，知者尚多，帝〔递〕呈请愿，颇蒙采纳。业经政治分会议决，将内容刷新，准予启封。好音传来，欢腾莫释，行见苞桑巩固，定可预卜于今兹，丹山碧水，总可实现于将来，此又我上大近今进行计划之状况也。频年以来，我上海大学，屡遭奇变，推源祸始，谁为厉阶。彼辈所赐，顾莫知也，自今以往，我全体忠实同学，当本坚忍不拔之精神，作中流砥柱之事业，清党勤学，用补阽危，青天白日，讵能容魑魅以横行，海底沉冤，或可大白于天下，此又我全体忠实同学所切盼而希望者也。嗟嗟，林空木落，医国无材，月坠岩高，此心耿耿，年来国家多故，黉舍圮墟，向学之士，不知所出，噩目时艰，用为隐忧。挽既倒之狂澜，支将倾之大厦，非异人任，吾辈之责也，忠爱同胞，其共勉旃。谨此宣言。

1927 年 5 月 20 日第三张第四版

1936年

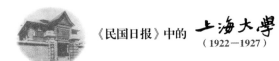

前上海大学生籍与国立大学同等待遇

该校在沪同学筹组同学会

前私立上海大学,于民国十六年春,因环境关系停办后,迄今十载。现经中央通过该校学生学籍,与国立大学同等待遇,故该校各地学生,分头进行组织同学会。上海方面,亦经举行发起人会议,由林钧、丁丁等着手筹备,兹将各情分志如下。

该校略史

上海大学成立于民国十一年,其时总理蒙难留沪,以亟须培植人才,乃将前东南高等专科师范改组为上海大学,推于右任担任校长,叶楚伧担任教务长,邵力子等担任教授、周颂西负责办理校中党务。其后党中先进如廖仲恺、章太炎、马君武、胡展堂、汪精卫、张静江、张继、吴稚晖、戴季陶、居正、孙科、相[柏]烈武等或为校董,或为讲师,或为教授。校中经费,先由总理批准拨给,总理逝世后仍由中央(其时在粤)拨给,遂造成北伐以前唯一培植革命人才之最高学府,并由邵力子任副校长,前黄埔军官学校之沪地招生事宜,即由该校办理。

中央通过

民国十六年春,该校因环境关系停办,致该校学生学籍问题,悬而未决。本年于右任氏向第八次中央常会提议请追认该校学生学籍与国立大学同等待遇,当经通过,送国民政府转令教育部办理,业由教育部呈复遵办,兹录中央秘书处致于次。函云:"中央常务委员会第八次会议,准执事提议,查上海大学,为本党育才之最高学府,北伐期间,尤尽宣传联络之责,虽经共党窃据,然本党忠实同志,仍葆贞亮,克制鸱张,现在服勤党国之诸生,皆有事功之表现,谨请追认该校学生学籍与国立大学同等待遇,送国府令主管院部遵照办理,当否请公决一案,当经议决通过在案,除函国民政府外,相应录案函达,即希查照为荷。"

设通讯处

上大学生,现在京服务者颇多,尤以服务于中央党部、监察院及审计部为多。闻讯后,即筹组同学会。陕赣等地,亦即进行。本埠该校学生,亦于五卅日假座五卅学校举行筹组同学会发起人会议,到林钧、姚天羽、孔令俊、丁丁、曹雪松、沈寿亚、戴邦定等,议决以在沪同学,过去殊少联络,拟即分头接洽,并设通信处三处:一为闸北五卅公墓五卅学校林钧,一为厦门路上海商报馆丁丁,一为南市局门路君毅中学姚天羽,凡属该校同学,均可通信接洽。闻该校在沪同学,亦达数十人。不日将举行首次筹备会议。并请前该校教授胡朴安、韩觉生、郑振铎等参加云。

《民报》1936年6月1日第二张第二版

《民国日报》中的 上海大学（1922—1927）

前上海大学学生积极筹备组学生会

北伐以前，私立上海大学，为我国唯一造就革命人才之最高学府。现中央为表彰起见，经中常会议决其学生学籍准依国立大学同等待遇，业由教育部呈复遵办。现该校在沪学生，经林钧、丁丁等发起筹组同学会，一度举行发起人会，并在厦门路商报社、闸北五卅公墓五卅学校、南市君毅中学三处为接洽处，凡该校学生，均可向该处通讯接洽，以便取得学籍。闻日内接洽者颇多，不日即将举行筹备会议云。

《民报》1936年6月4日第二张第二版

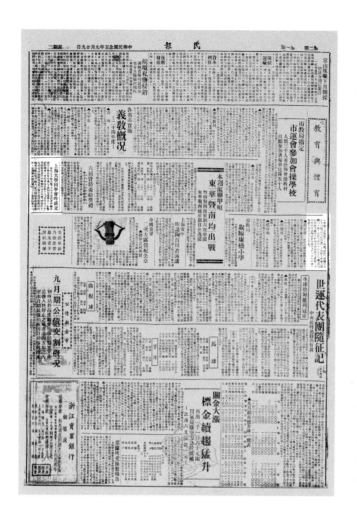

上海大学同学会昨成立

前私立上海大学,自中央承认其学籍与国立大学同等待遇后,该校留沪学生,即筹组同学会,登记者已百数十人,于昨日下午假法租界景平中学举行成立大会。到校长于右任氏,代表教职员周由廑、周越然、唐鸣时、汪馥泉及学生等百余人。除讨论提案、通过会章外,并选举林钧、高尔柏、丁丁、曹云松等十一人为执行委员,吴开先、陈贵之、唐纯茵等三人为监察委员。该校南京同学会特电致贺。即晚在会宾楼举行聚餐,尽欢而散。

《民报》1936年9月29日第二张第一版

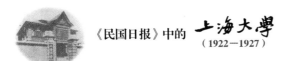

上海大学组同学会

中央社念一日南京电 前上海大学经中常会通过改为国立上海大学后,该校同学雷仲山等,即在京筹备同学会,并已请准该校校长于右任,大会成立日期,定下月十日举行。

《民报》1936年10月22日第一张第三版

上海大学同学会决在首都创办中学

中央社七日南京电 上海大学同学会定十日在京成立总会,该会筹备会决定在首都创办中学,并呈请校长于右任设法收回校产,恢复母校。

《民报》1936年11月8日第一张第三版

1937 年

本月卅日于院长六十寿辰·
上海大学同学会总会集资建立右任图书馆

中央社杭州十三日电 本月卅日为监院于院长六十寿辰,上海大学同学会,以于前为该校校长,发起拟集资建立右任图书馆,借申庆祝,并资永久纪念。杭方同学现正集款汇京期成美举云。

《民报》1937年4月14日第二版

上海大学同学会为于院长建图书馆并建文翰别墅

本报南京念三日电 四月三十日于右任六十寿辰，上海大学同学会发起建筑纪念图书馆及文翰别墅，经费现已筹备，即可兴建。闻寿辰期内，一切祝贺仪式，为于所不许，届期拟不举行。

《民报》1937年4月24日第一张第三版

1946年

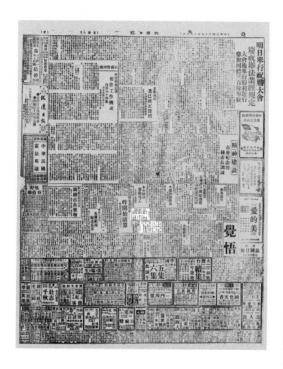

于右任校长电促上海大学复校

　　本市上海大学为党国元老于右任氏所创,民国十七年停办,兹决定复校,继续招生。闻该校现已录取新生二百六十名。昨日于兼校长自重庆来电,敦促早日上课。一俟校舍觅妥,当可正式开班。

《民国日报》1946 年 10 月 9 日第二版

后 记

在 1922—1927 年间,《民国日报》共发行了 2000 余期报纸,在这卷帙浩繁的故纸中逐版寻觅上海大学踪迹,逐篇转录、句读标点……本书的编纂过程实在不能说是轻松的。不过,在校领导、馆领导的支持和关心下,在馆内同仁的帮助下,这些困难也显得有些微不足道。在本书的资料搜集过程中,上海大学党委宣传部谢瑾老师提供的目录为我们的查找提供了方向,在此谨向谢瑾老师表示感谢。在编纂过程中,我们获得了上海大学图书情报档案系的大力帮助,在此要特别感谢图书情报档案系参与本次编纂工作学生的辛勤工作。也要感谢上海大学出版社傅玉芳编审尽心尽力的帮助。

本书收录了 500 余条《民国日报》刊登的上海大学相关消息,是一种抄纂型编研成果。编研是档案发挥"存史、资政、育人"作用的重要途径,清代思想家龚自珍《拟进上蒙古图志表文》中将"能见档册,能考档册"作为"其福甚大"之一种,通过对史料的编整和梳理,将束之高阁的故纸转化为可被利用研究的信息宝库,这是对档案史料价值的发掘和彰显。本书从档案工作的角度出发,最大程度地保留了史料的原貌,希望对学校历史研究能有所助益,成为一本校史研究方面的工具书。本书的疏漏及不足之处,也希冀得到读者的批评和指正。

编 者

2020 年 12 月